能力第一

以能力为基础的
企业高质量发展之路

高旭东　主编

新 华 出 版 社

图书在版编目（CIP）数据

能力第一：以能力为基础的企业高质量发展之路 / 高旭东主编 .
-- 北京：新华出版社，2023.12
ISBN 978-7-5166-7207-5

Ⅰ. ①能… Ⅱ. ①高… Ⅲ. ①企业发展—研究—中国
Ⅳ. ① F279.2

中国国家版本馆 CIP 数据核字（2023）第 234779 号

能力第一：以能力为基础的企业高质量发展之路

主　　编：高旭东

责任编辑：刘　芳　蒋旻歌　　　　　**封面设计**：今亮后声

出版发行：新华出版社
地　　址：北京石景山区京原路 8 号　　**邮　　编**：100040
网　　址：http://www.xinhuapub.com
经　　销：新华书店、新华出版社天猫旗舰店、京东旗舰店及各大网店
购书热线：010-63077122　　　　　**中国新闻书店购书热线**：010-63072012

照　　排：华兴嘉誉
印　　刷：河北鑫兆源印刷有限公司

成品尺寸：170mm×235mm
印　　张：17　　　　　　　　　　　**字　　数**：212 千字
版　　次：2023 年 12 月第一版　　　**印　　次**：2023 年 12 月第一次印刷

书　　号：ISBN978-7-5166-7207-5
定　　价：68.00 元

图书如有印装问题请与出版社联系调换：010-63073969

编 委 会

顾　问：易　军　　刘锦章　　袁宗旺　　周宇骐　　左　强
　　　　李元朝　　陈　明
主　编：高旭东
副主编：廖钢林　　林佐江　　张一擎
编　委：王　春　　杨东生　　周予启　　冯世伟　　张丽梅
　　　　宋　煜　　吴　瑞　　于　峰　　赵宇石　　赵海涛
　　　　关扬帆　　魏元新　　王　戎　　胡　蓬　　王东宇
　　　　缪　军

本书编写组：

嵩竹兰　　吴　洋　　吴钰清　　杨　涛　　张　琦　　卢　亮
盛秀富　　王景辉　　薛连建　　刘现伟　　黄　锋　　张胜良
高惠润　　丰伟中　　刘卫未　　陈　玮　　徐　巍　　陈越男
成　勇　　张自庆　　史春芳　　王　龙　　李健康　　诸　进
周泽恩　　李　维　　李　静　　曹立坤　　王　冬　　王　瑒
常奇峰　　胡建新　　郝建刚

近年来，我国高质量发展取得长足的成就，在许多领域的发展经验为世界其他国家提供范本与启迪。其中，建筑业作为我国国民经济的支柱产业，产业规模不断扩大，建造能力不断增强，氤氲着以中国式现代化推进伟大复兴的泱泱气象，也向世界展现出瞩目的中国方案、中国经验和中国担当。

行业的高质量发展，离不开领军企业的高质量发展，即头雁的探索、努力和带动。其中，中建一局集团建设发展有限公司便是中国建筑企业的优秀代表。今年是中建一局集团建设发展有限公司成立70周年，这是一支诞生于实现新中国第一个"五年计划"使命之需的建筑国家队，也是一支经历战火洗礼的先锋队，他们响应党的号召，从白山黑水到巴山蜀水，为新中国的"工业梦"建功立业，被原建筑工程部和中国建筑工会全国委员会授予"工业建筑的先锋，南征北战的铁军"称号。

前进的号角鼓舞着永不停歇的奋斗脚步，改革开放以来，中建一局集团建设发展有限公司始终紧扣时代脉搏，在区域经营、业务结构、商业模式、科技创新和管理机制等方面，一次次成为中国建筑行业改革发展的先行者和推动者。

1982年我大学毕业后，第一份工作就是进入中建一局四公司（中建一局集团建设发展有限公司的前称），在项目上担任见习工长、技术员，开始了我在中国建筑三十余年的职业生涯，也形成了对中建一局集团建设发展有限公司的真挚感情。

后来，我多次参与到中建一局集团建设发展有限公司的重要时刻。作为中国建筑工程总公司北京燕莎中心工程项目经理，我和中建一局集团建设发展有限公司一起建设这个改革开放的重要工程。记得 2014 年 10 月，我与同事们一起来到美丽的巴哈马大型海岛度假村项目，看到中建一局集团建设发展有限公司从一支艰苦奋斗的施工队，跨越山海成为中国最早"走出去"的建筑企业之一，成为一家优秀的国际工程公司，在海外打响了中国品牌的影响力、竞争力和美誉度，心潮澎湃，感慨良多。相信这家优秀的企业在争创具有全球竞争力的世界一流企业的新征程上，一定会不改一往无前之志，领略风光无限之美。

同时，一流的现代治理能力，是加快建设世界一流企业的重要保障。企业应该是一个理性的系统，有自己的使命、长远战略、规章制度和功能，这本《能力第一》，非常清晰地展示了中建一局集团建设发展有限公司 70 年来的艰辛创业之路，深刻地总结了一家大型建筑央企的独特经营之道。这样一本管理实践专著的出版，不仅成为中国建筑企业高质量发展的研究范本，也必将引发人们对中国企业高质量发展、产业转型升级等管理实践和议题的深度思考，对管理实践创新、管理理论与实践的结合及应用产生积极的推动作用，对中国企业管理实践思想走向世界具有正向意义。

仰观天宇，时间更加深邃；俯身耕耘，未来无限可能。今天，中国正在世界政治经济舞台扮演着越来越重要的角色，中国的世界一流企业必将在重大机遇与严峻挑战中脱颖而出。沿着这条道路前进，需要非凡的勇气、坚强的意志、卓越的远见和超人的能力，中建一局集团建设发展有限公司和中国企业的同仁，应当共同担负起维护世界经济持续和平繁荣稳定发展的责任，为建设更加美好的世界贡献中国智慧。

易　军

全国政协常委、人口资源环境委员会副主任

住房城乡建设部原党组成员、副部长

中国土木工程学会理事长

序二 | PREFACE

当我捧起这本书的时候，在中建的那些日子如同一部老电影般在我脑海中回放，仿佛再次置身于那段充满挑战与成长的岁月。作为一名老中建人，我曾多次赴中建一局集团建设发展有限公司调研交流，见证了中建一局集团建设发展有限公司的蜕变与成长。

对于建筑企业来说，建筑人永远都是南征北战、四海为家，无条件服从命令，高质量完成任务。70年前，中建一局集团建设发展有限公司由华东野战军转业投身一汽建设，结束了中国不能生产汽车的历史，为新中国第一个五年计划奠定了坚实基础。60年代奉命迁往四川，建设了中国第一批工业建筑集群。随后，凭借"三线建设"的卓越表现，再次奉命北上，扎根北京。新世纪以来，不断拓展业务范围，辐射全国、服务海外，成为高质量发展的行业典范。

时代如潮，浩浩汤汤。一局发展在传承红色基因、勇担历史重任中诞生，在服务国家战略、推动经济建设中前行，70年的奋进拼搏成为新中国建设一面铁铸的旗。

当下，建筑业正处在一个由高速发展向高质量发展的转型阶段，由"建造大国"向"建造强国"迈进的升级阶段。随着我国建造技术逐渐成熟、建设能力不断提升、管理水平迈上新台阶，在超高层建筑、高速铁路、大型机场、公路、桥梁、隧道、地铁、水利水电、核电核能、现代通信、应急设施等"高大特新急"工程中，也向世界展示出了中国建造的水平和中国建设者的力量。

在取得成绩的同时，建筑业依然存在发展质量和效益有待提高的问题。企业如何保持稳健发展，实现长期的成功，成为众多企业家和管理者亟待解决的问题。在这个背景下，出版一本关于企业管理实践的书籍，无疑具有重要的意义和价值。《能力第一》通过对中建一局集团建设发展有限公司70年来的发展历程、经营管理、企业文化等方面的深入剖析，展示了这家大型建筑央企的管理策略。书中详细阐述了企业使命、战略规划、体系建设，以及各业务系统的管理做法和先进经验等内容，并通过实践案例、管理策略和经验总结等方式，非常清晰地呈现了企业高质量发展的路径和方法。

中建一局集团建设发展有限公司为什么能够一路发展壮大，成为建筑行业的领航者？它是如何应对市场变化和竞争挑战，实现企业的可持续发展？它的发展战略和核心竞争力是什么？这些问题都可以从这本书中找到答案。它不仅为中国建筑企业提供了可借鉴的管理实践范本，同时也为其他行业的企业提供了参考和启示，激发了人们对企业发展、管理实践等议题的深度思考，更好地应对市场变化和竞争挑战。

砖石砌岁月，铁骨铸春秋。希望所有的建筑人都能在这本书中有所收获，持续擦亮"中国建造"金字招牌，打造世界级核心竞争力，在这个充满机遇和挑战的时代，共同探索建筑行业的无限可能！

刘锦章

中国建筑业协会副会长兼秘书长

　　工程建造能力和工程服务能力的提升，是建筑企业在市场经济条件下实现长盛不衰，持续保持活力的关键要素和重要追求。我作为从事建筑行业50多年的一员"老兵"，目睹了建筑行业的诸多国企和民企的变迁和兴衰，深知面临百年未有之大变局背景下，建筑企业始终坚持工程建造能力提升的意义之重。

　　中建一局集团建设发展有限公司的司龄与我的年龄等同，至今已经走过了七十年的非凡历程。七十年来，该司先后建设完成了北京国贸建筑群、深圳平安金融中心、国家游泳中心、国家科技传播中心等一大批高大难新工程，享誉寰宇；并能以工程为载体，研究形成了以这些工程为背景的千米级混凝土泵送、游泳馆建造等系统集成技术，展现了突出的技术创新能力、工程建设能力和服务保障能力，是中建集团麾下高质量发展能力和业绩居于前列的三级号码公司。更为难能可贵的是，该司能够高度重视建造技术创新和管理成果凝练，与行业共享发展智慧，我深受感动。

　　这次出版发行的《能力第一》书籍，系统地介绍了他们对"能力"二字的认识和全方位能力提升的坚持，既对企业能力的重要价值、基础构成、未来愿景等作出了独特诠释，又从历史经验与现实需要出发，阐述了企业组织、经营运营、品质保障等方面的管理逻辑。这些历经岁月沉淀下来的管理价值，既有回望历史的延续性，也有观照现实的针对性，更有面向未来的创新性，是该司历经数十年变迁而始终稳健发展的智慧之匙，在当前建筑行业加速推进精细化管理和高质量发展的背景下，对建筑企业的管理创新实践具有较高的参考意义。

值得一提的是，这本书还用了较大篇幅对企业自身的精神风格、文化成果、价值理念进行了系统讲解和总结，展现出企业对文化建设和价值创造的极大热情与持续付出，对外展示了企业经营发展与文化建设相契合、以价值导向引领发展方向的路径选择。重视文化软实力的提升并取得这一方向的扎实成效，从这一点来说，值得很多企业学习。

企业的高质量发展，首先要做到的是企业能力的全面高质量提升。期望该书的出版发行，能够引发业界对企业能力全面高质量提升的关注与思考，为国企和民企实现更高质量发展提供借鉴。

肖绪文

中国工程院院士

中国建筑集团有限公司首席专家

  清华大学高旭东教授主编的《能力第一》一书出版，颇值得学界、业界和政策研究界关注。这部著作有两个方面的重大意义：一是旗帜鲜明地指出了做强做优做大国有企业的重要性，二是系统探讨了国企央企建设世界一流企业的重要战略选择。

  长期以来，对于国有企业能不能搞好、如何搞好，一直存在比较大的争论。高旭东教授长期研究国有企业，发现国有企业是可以搞好的，关键是要建立有效的治理结构，并进行持续不断的创新。在治理结构方面，完全可以将坚持党的领导与现代企业制度结合起来，建设中国特色的现代企业制度。在持续创新方面，高旭东教授长期为国企创新鼓与呼，提出了不少重要创见。正如他发表在《清华管理评论》的一篇文章中指出的：大型国企能够创新吗？对于这样问题，我们一直存在迷思。事实上，实践证明大型国企的创新卓有成效、丰富多彩，而且具有独特的优势，在我国的创新体系中具有不可替代的地位和作用。我们需要深化对国企创新规律的认识，以促进国企下一步的改革和发展。实践表明，在竞争非常激烈的领域，大型国企的创新成效也是非常显著的，中石油下属的东方公司、万华化学、山东重工、徐工集团，都是典型案例。《能力第一》一书正是以中建集团旗下的中建一局集团建设发展有限公司（以下简称：一局发展）为研究对象，探讨了国有企业在饱和竞争市场的创新魅力。

一局发展为什么能够走出一条以能力为基础的高质量发展之路？《能力第一》一书提炼出了三条重要经验。一是历史路径塑造的先行者优势。新中国是社会主义国家，在工业化初期选择了以国有企业为主导力量开展建设。在革命战争中淬炼出来的干部、军人和革命群众就成为建设的主力，这是今天很多国有企业的雏形。一局发展也是如此，从野战军脱胎而来，在新中国工业化伊始就参与了具有时代里程碑意义的长春第一汽车制造厂建设，此后又转战西南，在"三线建设"中建立了卓越功勋。一局发展的先发优势不仅包括技术和管理方面，还包括走在时代前列带来的宽广视野，也就是书中所说的"定义建筑时代"。改革开放以来，一局发展的先发优势进一步发展，在业内率先确立"法人管项目"模式和"质量效益型道路"，正是这种宽广视野的具体体现。

二是一局发展作为国企的特殊追求。市场经济条件下，为了生存和发展，国有企业也要逐鹿市场，获取利润。但是，作为国企，还有更多的责任和担当，往往从国家进步和民族生存的角度来思考自身的使命，规划自己的战略。国有企业的这些特殊追求是更为持久的创新动力，一局发展的实践充分展示了这一点。

三是企业员工特殊的精神气质。历史塑造了一局发展的先行者优势，这种优势也塑造了企业历届员工集体渴望保持领先、拒绝落后的精神气质。这种精神气质在一局发展内部体现得非常明显，融入了企业领导力和企业文化的各方面，比如"上接天，下接地"的气质，以及"专业 可信赖"的企业品格。这种精神气质是企业创新的精神源泉。

本书的另一重大贡献是系统总结了一局发展创建世界一流企业的"秘诀"，那就是坚持"能力第一"。在国际关系发生巨变的背景下，中国经济已经进入一个全新的发展阶段，建设世界一流企业已经是中国企业无法回避的命题。

如何建设世界一流企业？表面上看，任务千头万绪：技术上，依靠引进和模仿提升技术水平的道路日渐狭窄，需要大力加强自主技术创新；管理上，不但需要提升管理的精细化程度，而且需要结合中国实际创新管理理论和管理方法；产品上，需要提升产品的附加值，特别是在国际市场上；品牌上，从事贴牌生产的企业需要认真考虑形成自主品牌，在国内已有一定知名度的企业又需要在海外打响品牌知名度，这其中又面临着政治、社会、文化差异带来的挑战。

那么，在千头万绪中，建设世界一流企业的抓手在哪里？本书以一局发展的丰富实践为基础，提出了"能力第一"的理念，在复杂交织的问题中找到了主要矛盾和关键抓手：千头万绪背后，本质上都是企业能力问题，只是其具象化为技术能力、管理能力、产品能力和品牌能力。抓住"能力"这一纲领，纲举则目张。正如毛泽东同志在《矛盾论》中指出的那样："在事物的发展过程中，有许多矛盾的存在，其中必有一种是主要矛盾，由于它的存在和发展，规定或影响着其他矛盾的存在和发展……捉住了这个主要矛盾，一切问题就迎刃而解。"

总而言之，高旭东教授主编的《能力第一》一书，既是对历史的回顾，又具备前瞻视野；既富有理论深度，又具备实操价值。希望这本书的价值能够被更多读者认识到，也希望"能力第一"能够成为国内业界和学界深入思考的话题，为推动世界一流企业的建设有所帮助。

最后，祝愿这本书的研究对象一局发展能够从这本书中获得更多启迪，用以指导自身实践，助力自身在建设世界一流企业之路上取得更加辉煌的成就。

薛　健

清华大学经济管理学院教授、副院长

清华大学中国现代国有企业研究院副院长

企业应当以什么为首要追求？

"高质量发展"是当下中国经济和中国企业的关键词。经济的高质量发展最终需要落实到每一家企业。企业应当如何实现高质量发展？是追求效益提升，还是追求规模扩大？本书研究发现：企业应当以发展企业能力为首要追求。企业能力决定着企业的生存和发展，也决定着国民经济的整体活力。

从我国企业当前的情况看，能力不足是一个关键性的问题：技术能力不足，因而在技术封锁时非常被动；品牌能力不足，即使提供了好的产品和服务也很难获得应有的收益；管理能力不足，导致企业效益低下，在市场风浪面前缺乏竞争力。企业发展质量的提升，归根结底是企业能力的提升。世界500强的成长之路，归根结底是企业能力的成长之路。当然，各家企业在具体发展哪些能力的选择上可能有所侧重，但高度重视企业能力则是一流企业的共性。对于企业能力的重要性，无论怎样强调也不过分。

本书以中建一局集团建设发展有限公司（以下简称：一局发展）为研究对象，提供了"以能力为基础的高质量发展之路"的一个典型案例。

　　一局发展成立于 1953 年，系 2022 年《财富》世界 500 强第 9 位中国建筑集团有限公司旗下企业。截至 2023 年，它已经走过了 70 载春秋。一局发展是长春第一汽车制造厂的建设者之一，并曾参与国家"三线建设"，改革开放以后，一局发展又积极与外资建筑公司开展合作，汲取工程项目管理与施工的先进经验，成为中国国际贸易中心、国家游泳中心（水立方／冰立方）、中央电视台新址、深圳平安金融中心等著名建筑工程的建造者。2012 年，一局发展成为首批获得住房和城乡建设部新房屋建筑工程施工总承包特级资质和建筑行业甲级设计资质的 23 家企业之一，标志着公司成功迈入中国建筑企业第一方阵。截至目前，一局发展累计荣获包括国家科技进步一等奖在内的国家科技进步奖 5 项、鲁班奖 30 项、詹天佑大奖 12 项、詹天佑住宅小区金奖 14 项、国家优质工程奖 37 项、中国钢结构金奖 35 项，中国安装之星 17 项，各类省部级优质工程奖数千项，成为中国首个获得国际桥梁及结构工程协会杰出结构大奖的企业。同时，一局发展形成了具有自身独特优势的产品结构，凭借领先的工程总承包能力，在超高层建筑、高科技电子厂房、数据中心、大型公共智能建筑领域确立行业领军优势，形成覆盖企业总部大厦、高端酒店、学校、医院、住宅、厂房、市政道路等不同类型、不同功能的建筑精品生产线。凭借出色的企业能力和行业口碑，一局发展在海外扬帆起航，深耕俄罗斯、埃及等市场，稳健开拓沙特、伊拉克及东南亚等机会市场。

　　一局发展在自身发展历程中展现出一个重要特征：它总能在历史的关键节点把握时代机遇，实现企业的持续成长。在新中国工业化之初，它能够克服一穷二白的困境，在冰天雪地之上构筑起新中国工业化的大厦；在改革开放之初，它能够敏锐地把握时代的潮流，积极与外企开展合作，汲取国际先进经验；在改革走向深入之际，它能够审时度势，推进业务模式和管理模式的领先；在中国式现代化蓬勃发展的新时代，它又能够积极开展多元化的业务探索，促进企业生产和管理的智能化与数字化，提升企业治理水平，致力于成为高质量发展的典范。历经70载风云变幻，一局发展已经从在冰天雪地中依靠肩挑人抬进行建设的施工队，发展为拥有先进管理模式和技术支持的现代建筑企业。本书致力于叩问这种现象背后的原因：一局发展为什么能够取得这样的成就？

这个原因可以概括为四个字："能力第一"，即穿透效益、规模等表层现象，坚持将企业能力增长作为企业的首要追求，走以能力为基础的高质量发展之路。企业能力是在长期积累中形成的，各个年代的一局发展人都将为企业积累新能力视为自身使命，助力一局发展历经峥嵘岁月，成长为一家管理领先、产品优异、效能卓著、品牌卓越的现代建筑企业。"能力第一"是一局发展人的集体潜意识，本书将其从一局发展的历史和实践中提炼出来，并加以详细阐释。

本书共计六章。第一章对一局发展的企业发展历程进行回顾，归纳企业在重要历史节点上的关键选择和主要成就，进而在历史回顾的基础上提出"能力第一"这一核心理念，并总结一局发展在这一理念引导下发展出的四种核心能力：纲领设计能力、领导力、文化构建能力和价值创造能力。第二章至第五章对这四种能力进行深入阐述。第六章对一局发展在变动环境中的未来战略路径进行前瞻性分析，并回顾企业的初心，指出坚守企业初心是企业以不变应万变的不二法门。

本书编写组希望能够达到以下目标：

一是希望能够以一局发展的案例，向业界、学界和全社会展现"能力第一"这一观点。中国企业在经济高速成长期获得了显著发展，这种发展成果必须转化为企业能力的内在修炼，才能让企业在纷繁复杂的世界中站稳脚跟。这也是许多世界著名企业穿越周期的重要经验。例如国际商业机器公司（IBM）在 20 世纪 30 年代的大萧条时期仍然致力于研发新产品，并提升企业的销售能力，大量招聘销售员，并不断强化企业内部的坚持客户至上的销售文化。这些在当时被美国社会视为疯狂的举动，却使得 IBM 在大萧条结束以后获得来自美国联邦社会保障部门的大规模订货。IBM 的企业规模因此扩大两倍，奠定了腾飞的基础。可见，埋头修炼企业能力，是帮助企业穿越周期，实现永续经营的王道。

二是能够帮助一局发展完成对于企业经验的阶段性总结。毛泽东同志曾经指出："我是靠总结经验吃饭的。以前我们人民解放军打仗，在每个战役后，总来一次总结经验，发扬优点，克服缺点，然后轻装上阵，乘胜前进，从胜利走向胜利，终于建立了中华人民共和国。"总结经验就是在实践和再实践的基础上进行认识和再认识的工作，就是不断地把感性认识提升为理性认识，不断使认识获得发展和升华的工作。企业经营也需要定期回顾历史，总结经验。企业经验是宝贵的知识资产，能够帮助企业对自身的成功进行正确归因，并及时发现问题，规避风险，指导企业的下一步行动。希望一局发展人通过阅读本书，能够对企业自身的历史和现实获得新认识和新体会，并抓住企业能力这一主轴，持续开展对未来的探索。

三是希望建筑行业内部人士能够了解到一局发展作为业内领先企业的理念和经验，并对照自身从业经验，获得有价值的理解和体会。一局发展"能力第一"的发展思路，以及在长期实践中发展出的具体能力，例如"法人管项目"组织模式、精品工程生产线和精细化经营体系，都具有长期的借鉴意义。

四是希望建筑行业外部人士能够从一局发展的理念和经验中获得不受行业特性限制的可迁移知识，并使用这些知识指导自身实践。一局发展虽然拥有鲜明的行业属性，但某些先进经验完全可以经过抽象和迁移，为其他行业提供启迪。例如"法人管项目"组织模式中降低质量离散度的各种制度设计，以及"精品工程生产线"中对于 PDCAS 循环管理方法的落地应用，都值得其他行业的企业进行深入思考和借鉴。

五是希望以一局发展的案例展现国有企业的精神信念和管理探索。一局发展的企业能力内容丰富、系统而精致，体现了国有企业将服务人民与市场竞争有机结合、不断提升自我的精神风貌。一局发展的历史实践证明，在党的领导下服务人民，与在市场竞争中追求利润，这两者之间并无矛盾，而是统一的有机整体。"能力第一"代表着一局发展的长期主义态度，这种态度归根结底来源于一局发展对于祖国和人民的高度使命感和责任感。

时代滚滚向前，一局发展任重道远。本书的出版对于一局发展而言是锚点而非终点，希望本书能够为它的当下发展添砖加瓦，为它的未来进步抛砖引玉。行远自迩，笃行不怠。

云程发轫，万里可期。中国经济也还将经历漫长的征途，奔向更加光明的前景。本书希望通过对一局发展的历史与实践的学习和提炼，为中国经济和中国企业的发展进步贡献有价值的新知。

本书编写组

2023 年 12 月

目 录 | CONTENTS

第一章

以能力为基础的
企业高质量发展之路

　　每家企业都拥有自己独特的发展之路，这是企业的一代代奋斗者们努力拼搏和审慎选择的结果。

　　中建一局集团建设发展有限公司（以下简称：一局发展）的道路可以归纳为：以能力为基础的企业高质量发展之路。这条道路的核心特征是：将企业能力增长作为首要追求，即"能力第一"。在竞争激烈的商业环境中，企业只有具备出色的能力，才能满足客户需求、提供高质量的产品和服务，在市场竞争中脱颖而出并保持优势。

　　一局发展在长期的生产与经营实践中构建出了自身的企业能力大厦：以纲领设计能力为大厦搭设框架，塑强企业主体结构；以领导力为大厦提升穹顶，引领企业战略高度；以文化构建能力为大厦筑牢地基，涵养企业深厚基础；以价值创造能力为大厦丰富功能，传递企业长期价值。

　　本章将首先回顾历史，进而总结道路。

第一节　历史的回眸

一局发展从诞生之日起就流淌着红色血液，它的每一步成长都与中国的发展进步密切关联。回望这艰难而辉煌的时光，仍能听到在中国发展进程中，一局发展以硬实力敲击出的有力回响。

1. 工业建筑的领导者（20 世纪 50 年代—70 年代）

1949 年，中华人民共和国成立，中国人民取得了新民主主义革命的伟大胜利，从新民主主义革命向社会主义革命过渡成为新的历史任务。1953 年 8 月，毛泽东同志对过渡时期总路线做出比较完整的文字表述："从中华人民共和国成立，到社会主义改造基本完成，这是一个过渡时期。党在这个过渡时期的总路线和总任务，是要在一个相当长的时期内，基本上实现国家工业化和对农业、手工业、资本主义工商业的社会主义改造。"在过渡时期总路线的指导下，中国人民开启了波澜壮阔的工业化进程。工业化成就不仅包括机械装备的进步，还包括工业建筑的建设。工业生产需在特定的工业建筑中完成，一局发展正是以新中国工业建筑领导者的身份，掀开了自身历史的光辉篇章。

为新中国的"汽车梦"奠基

提到新中国的工业化，就不能不提起吉林长春第一汽车制造厂（以下简称：一汽）。一汽广场中央，矗立着毛泽东同志手书"第一汽车制造厂奠基纪念"汉白玉碑。回望历史，仿佛仍旧能看见当年热火朝天的建设洪流。

20 世纪 50 年代，在新中国工业化的浪潮中，"汽车梦"成为全国人民共同憧憬的梦想。1953 年，"一五"计划开局之时，综合考量国内经济形势与经济战略方针后，党中央选择于吉林省长春市西南郊建设一汽。为将"汽车城"之梦一砖一瓦真真正正立于中华大地之上，千万建设者响应中央号召前往东北，成为中国工业事业发展的先驱。

如今的工业建筑领域拥有完善的建筑设备和配套的建筑人才作为保障，而在"一五"计划的开局之际，中国人民却是在一穷二白的基础之上，胼手砥足建设起工业化的大厦。当时，中国严重缺乏产业工人，为了支援工业化建设，一部分野战部队转业成为重要的建设力量。其中，以华东野战军步兵 99 师 297 团为主体改编的中国人民解放军建筑 5 师 15 团组成了一汽 652 工程公司 108 工区，与以建筑工人为主体的 101 工区一起承建一汽的总装配车间、摩托车间以及辅助设施，这两个工区便成为一局发展的前身。

新中国的工业化建设是从东北地区起步的，而在这里，一年当中有相当长时间都处于严寒的环境中，冬季的最低气温低于零下 40 摄氏度。在冰天雪地中，工区严重缺乏机械化的建筑装备，全体员工只能肩挑手抬，彼此支持，同时以莫大的热情学习新技术，在艰苦创业之路上高歌猛进。在全体员工的奋力拼搏下，一汽项目拔地而起。

1956 年 7 月 13 日，第一辆解放牌汽车下线。这背后不仅有中国第一代汽车人的努力，也包含着中国第一代建筑人为国家担当、为人民奉献、为民族争光的精神，这是包括一局发展在内的所有建设者们的骄傲。

工业建筑的先锋，南征北战的铁军

一汽的落成为中国工业化筑起了坚实的平台，也是一局发展开始展露风采的标志。在 1956 年的第一重型机器厂（以下简称：一重）的建设中，一局发展进一步提升了自身的工程项目管理水平。一重位于黑龙江省的富拉尔基市，是为了制造工业生产机器而兴建的。机器制造业的建立是第一次工业革命完成的标志，西方国家完成这一阶段经历了数十年甚至上百年，但新中国没有太多时间可以等待。从 1953 年一汽开始建设以来，中国仅用了不到 5 年时间就开启了机器制造业的建设，这要求一局发展与新中国的工业化共同迎接高速成长的挑战。

一重从 1956 年 7 月正式开工兴建，面积比一汽大 13%，建造要求更为复杂，但造价仅为一汽的 80%。到 1958 年 9 月，一局发展只用了建设一汽的 60% 的施工力量，就完成了规模更大、技术更复杂的建筑安装任务，工期提前 15 个月，建筑工程质量经国家验收为"优"。

作为一重项目建设主力的一局发展在一汽项目建设期间积累了广泛经验，初步掌握了大型工业建筑项目的科学化管理方法。这种科学化的管理方法主要表现在：落实党委领导下的经理负责制[1]，依靠编制年度施工组织设计和年、季、月、旬施工生产计划进行企业管理、指导施工生产，并全面推行工程任务书，采用定额用工、计件工资、限额领料、班组核算等管理方法。可以说，一重项目的顺利完工是一局发展主动追求管理水平提升的结果。

20 世纪 50 年代末至 60 年代初，国际形势波诡云谲。针对这一局势，党中央做出"三线建设"的重要指示，以国防为中心开拓大后方，全国工业向西南地区大规模迁移。一局发展响应党的号召，再次踏上新的征程。1958 年 9 月，公司调往四川省江油县，成为建设大西南的先头部队与核心力量。

---

① 经理负责制，即厂长（经理）负责制，是指厂长（经理）统一领导和全权负责企业的指挥、经营活动的决策体制，与后文所说的项目经理负责制有所区别。

在这一时期，一局发展的企业能力提升主要体现为施工生产机械化水平的提升，以及自主技术的革新。

一局发展以快速施工为中心，甩掉了肩挑人抬的落后方式，实现了机械化施工生产，先后承建了江油特种钢厂、江油矿山机械厂、江油火力发电厂、绵阳无线电厂、泸州天然气化工厂（二期）、泸州长江起重机厂、泸州长江挖掘机厂、泸州长江液压件厂、自贡东方锅炉厂等近百项工程，建设了新中国第一批工业建筑集群。

其中，泸州天然气化工厂（以下简称：泸天化）见证了一局发展进行自主技术革新的开端。泸天化尿素车间的造粒塔是一座高 39 米、直径 16 米、壁厚 16 厘米的圆筒现浇钢筋混凝土构筑物，要求一次连续浇灌完成，中心垂直偏差不能超过 4.5 厘米。为了满足这一要求，一局发展决定采用滑动模板施工，而在高大的钢筋混凝土造粒塔工程中采用滑动模板施工对于当时的中国建筑业来说是前所未有的。在困难面前，广大员工没有畏缩不前，而是勇敢地投身技术攻关。经过全体干部、工程技术人员以及工人的积极努力，造粒塔滑模施工做到了优质、安全、快速、低成本，一次成功。这次施工工期仅用了十昼夜，进度大大提前；工程质量优良，塔身表面光洁平整，没留下一个施工缝，实际中心偏差 5.5 毫米，仅为允许偏差的 1/8；比预期少用 900 个劳动力，成本降低 45%，节约资金 10.853 万元。滑模技术是一局发展建设者对建筑施工技术改革的重大贡献，项目完成以后，一局发展组建了滑模小组，将这项技术在公司内部进行试点和推广。1972 年，滑模技术引起全国建筑业的关注，国家级滑模现场会在泸天化工地召开，这一技术在行业内得到进一步推广，并受到原国家建委和化工部表彰，泸天化工程也荣获了 1982 年国家优质工程银奖。

滑模技术是一局发展在当时自主技术创新的典型代表。同一时期，一局发展还在预应力施工技术、混凝土施工技术、钢筋焊接技术等多领域取得新突破。这些技术创新为一局发展在改革开放后迅速转型为现代建筑企业奠定了基础。

一局发展如同一支热血洪流，走南闯北，将发展与进步带至所经之处。1959 年，鉴于以一局发展为代表的建造队伍在国家建设中的突出表现和卓越贡献，原国家建工部授予了中建一局"工业建筑的先锋，南征北战的铁军"称号。

2. 改革开放的先行者（20 世纪 70 年代—90 年代）

1975 年 5 月，原国家建委下达调令，借调当时还在四川的一局发展主要力量到北京参与首都国际机场的建设任务。一局发展员工队伍再度出征，成为首都建设光荣队伍中的一员。圆满完成任务后，因建设中的突出贡献，一局发展接受原国家建工部指令常驻北京，开启了一局发展立足北京、放眼全国、走向世界的辉煌历史。

首都第一批大型外商投资项目的建设者

北京丽都饭店是帮助一局发展在北京站稳脚跟的中外合资工程，这项工程在当时意义重大，是党的领导集体"利用外资建旅馆以发展旅游业"这一思路落地的结果。北京丽都饭店位于今天的北四环四元桥外，当时还是一片荒地，一局发展选择承揽这样的工程，是对历史机遇的一次大胆把握。北京丽都饭店是中国和新加坡合资建设的项目，采用的是国际通用的 FIDIC 条款，并且新方对于工程质量要求较高，对于当时的中国建筑企业而言是一个巨大的挑战。一局发展以迎难而上的魄力，大胆地承接了这一项目，解决了自身"活下来"的问题。同时，这也是一局发展在市场经济中自主承接并完成交付的一次成功尝试，并从中学习了外国企业的先进管理经验，为企业的市场化经营奠定了基础。

　　魄力只是成功的必要条件之一，在丽都饭店项目建设之初，一局发展也曾遇到困难，甚至走过弯路。但是一局发展将这作为自我革新的重要机遇，充分意识到现代建筑行业不仅要讲奋斗讲精神，还要讲文化水平讲管理水平。因此公司在广大员工内部积极开展了文化、技术和管理培训，在尽量短的时间内提升了公司人员的整体水平。

　　这一做法也对企业后来的发展影响深远。此后，一局发展为了提升企业整体知识水平，率先在国内一些高校开启了毕业生有偿引进计划。通过这一计划，国内一大批著名高校的学生进入一局发展，根本上改变了企业的人员和知识结构，极大地加速了企业的进步。当时被有偿引进至一局发展的毕业生，后来有不少都成长为公司的管理骨干甚至主要领导。

　　丽都饭店之后，一局发展相继承建了北京燕莎中心、北京松下彩管厂、中国国际贸易中心等外商投资工程，成为首都第一批大型外商投资项目的建设者。

走在变革之前

　　中国建筑业在回顾自身历史的时候，不免要谈及1984年日本大成公司承建的云南鲁布革水电站引水隧道工程。大成公司在这一工程中展现出的"项目法施工"的现代建筑企业管理模式，给予中国建筑业极大的震动，并被视为中国建筑业进行现代化管理改革的开端。1987年，国家正式在全国建筑业当中推广鲁布革"项目法施工"管理模式。然而早在1985年，一局发展就已经在中国国际贸易中心的建设中推行了类似的管理模式。

　　中国国际贸易中心（以下简称：国贸），是北京地标性建筑群，也是目前全球规模最大、功能最齐全的综合性商务服务设施之一。

对于一局发展而言，国贸工程建设是实现企业管理水平跃升的关键一步。国贸一期按照国际惯例实行国际招投标，由法国 SAE 公司承担总承包任务，一局发展担任分包商。1985 年，国贸一期工程奠基，在与外国总承包商合作建设期间，一局发展积极学习和消化国外承包商的工程项目管理精髓，并将这些精髓内化为企业自身的管理经验：以国贸工程项目为对象，以完成项目分包为目标，组成以项目经理为首的管理层，以公司内外施工力量为作业层，对项目建设的计划、技术、质量、安全、资源等进行全面全过程管理。这种项目经理领导下，以项目管理为中心，对项目综合效益负责的"项目法施工"管理模式的实践，早于国家对这一模式的全行业推广。

3. 现代管理范式的领航者（20 世纪 90 年代—21 世纪初叶）

改革开放后十余年间，一局发展紧跟国家发展形势，获得了长足的进步。但是竞争无处不在，要想保持行业领先地位和市场口碑，就不能够满足于短期的成就，而应当充分认识到与国际一流水平之间的差距，进行新一轮的自我改革。

管理领航：先人一步的"法人管项目"模式

1995 年 3 月 30 日，一局发展在北京龙泉宾馆召开经营工作会，这后来被称为"龙泉会议"，对一局发展具有重大影响。时任公司总经理在会上做出《转变经营机制，建立工程总承包体制，坚定不移走质量效益型发展道路》的关键报告，报告中指出要对现在的项目管理不足之处进行改革，改革主旨包括：从粗放型经营转变为集约化经营，走质量效益型道路；从劳务密集型转变为智力密集型，走工程总承包道路。为了贯彻会议主旨，尤其是为了实现走工程总承包道路的发展目标，一局发展借鉴发达国家建筑企业管理体制和运行机制的成功经验，率先提出了"总部服务控制、项目授权管理、专业施工保障、社会协力合作"的"法人管项目"组织模式，在业内得到广泛认可和推广，并取得了显著的成效。这是中建集团内部对"法人管项目"模式的首次系统总结。

为了推行"法人管项目"的组织模式，一局发展调整了内部组织结构和权力结构，采取扁平化二元结构，逐步取消了土建分公司建制，将投标、人力、资金、成本、物资、分包选择等管理要素实施集中控制，由总部对工程项目全过程进行策划和指导，并对项目合同履约进行监督和调节，形成了"大总部，小项目"的管理模式。一局发展对项目经理部实行授权管理，项目经理代表法人承担履约责任，实现总部的决策意图。一局发展还废除了利润承包分成制，坚持工程项目的"对内不承包，对外不挂靠"。此外，一局发展率先推行项目管理标准化建设，发布《工程项目管理手册》《质量保证手册》《现场 CI 手册》等十大管理手册，规范项目部管理行为，推进企业整体的管理和履约水平。

价值观领航：质量为先

"龙泉会议"还确立了一局发展的"质量效益型"发展道路。时任公司总经理曾着重强调"今天的质量是明天的市场，企业的信誉是无形的市场，客户的满意是永恒的市场"这一理念。一局发展在企业管理、项目管理等方面开始全面提升，力求做到"百分百的客户满意"。坚持高标准的质量要求，是一局发展至今仍旧保持生机活力的根基。

随着改革开放的深入推进，中国经济加速发展，建筑业全面繁荣，建筑企业之间的竞争也日益激烈。一局发展敏锐地意识到：唯有长期、稳定地生产出建筑精品，树立企业质量品牌，才能够赢得客户信任，在未来竞争中立于不败之地。因此，一局发展在行业内率先推行全面质量管理，提出"用我们的承诺和智慧雕塑时代的艺术品"的质量方针，打造可复制精品工程的"精品工程生产线"。这一举措成为业内标杆并得到推广。

经过业务模式、组织模式和经营方针的变革，一局发展脱胎换骨，走上了现代建筑企业之路。1996年，一局发展作为工程总承包商承揽了国贸二期工程。相比于一期工程中的分包商角色，一局发展的这次身份转变，正是对企业能力升级的一次最好的验证。

视野领航：迈向世界的一局发展

国际化程度是检验建筑企业核心竞争力的重要标准。"走出去"是一局发展的重要战略导向，在《1996—1998三年发展规划》中，一局发展提出国际合作的目标与政策，在《1999—2001三年发展规划》中，强调积极推进工程总承包向国际先进水平靠拢，确立海外工程总承包优势；在营销上实施外向布局，开拓京外市场，启动海外市场。2005年，一局发展登上国际舞台，在与全球实力雄厚的工程公司竞标中脱颖而出，中标俄罗斯联邦大厦双塔A塔项目。该项目不仅是中国建筑企业在海外承建的标志性建筑之一，还是欧洲钢砼结构第一高楼。这一项目的成功履约为一局发展开拓海外市场积累了口碑，打开了大门。

开门红之后，一局发展势头更为强劲，参与西半球规模最大的度假村巴哈马大型海岛度假村项目的建设，这个项目是当时中国企业在海外承建的最大房建项目。该系列建筑包括高端四星级及五星级酒店各两家、会议中心、高尔夫球场、名品店和休闲区等一系列设施。在这一项目中，一局发展以专业化支持国际化，以国际化带动专业化，不仅获得了良好的海外口碑，还积累了宝贵的大型海外项目施工经验、培养了重要的海外人才队伍，推动了后续海外市场的持续拓展。

　　在新的历史时期，随着中国企业走出去的步伐加快，一局发展正在世界舞台上大展拳脚，并朝着世界一流企业的目标而不懈努力。在过去，一局发展只能作为学生，从各位外国老师身上汲取知识；而在今天，这位曾经的学生，已经可以和昔日的外国老师同台竞技，甚至实现领先。这是一局发展的历史，又何尝不是中国的历史呢？

4. 高质量发展的典范（2012 年至今）

　　党的十九大报告中首次提出"高质量发展"表述，表明中国经济由高速增长阶段转向高质量发展阶段。党的二十大报告进一步强调："高质量发展是全面建设社会主义现代化国家的首要任务。"要加快构建新发展格局，着力推动高质量发展，一是构建高水平社会主义市场经济体制，二是建设现代化产业体系，三是全面推进乡村振兴，四是促进区域协调发展，五是推进高水平对外开放。一局发展的高质量发展之路，正是对上述要求的坚定贯彻。

构建高水平社会主义市场经济体制

　　构建高水平社会主义市场经济体制要求国有企业进一步深化改革，提升治理体系和治理能力现代化水平。

　　一局发展坚持推进"在完善公司治理中加强党的领导"，完善党委会与董事会、监事会、经理领导层"双向进入、交叉任职"的领导体制；科学优化决策机制，完善党委前置研究讨论重大经营管理事项，确保党组织"把方向、管大局、保落实"功能有效发挥。与此同时，一局发展通过激活改革动能，持续优化董事会组织机制和决策能力。早在 2000 年 6 月，一局发展就建立了模拟董事会，并于 2008 年建立正式董事会，董事会建设历程长达二十余年，积累了丰富改革实践经验。在治理结构上，一局发展成功完成"外部董事占多数"的董事会改革，建立《董事会议事规则》《董事会授权管理办法》《总经理办公会议事规则》等决策制度架构，确保董事会"定战略、作决策、防风险"功能有效发挥。

在组织机构改革的基础上，一局发展开展充分授权，严格管理，增强经理层经营能力与活力。一是健全完善董事会向经理层授权机制，注重处理好不同治理主体之间的关系，充分支持经理层发挥"谋经营、抓落实、强管理"的作用，做到担责尽责。二是有序推进任期制和契约化管理，通过建立以岗位职责为基础、与经营业绩强挂钩的薪酬激励体系，实行序时目标考核，在经理层逐步落实"能上能下""能进能出""能增能减"的"三能"机制。

这些治理措施收到了显著成效。2022年，一局发展获评国务院国资委全国国有企业公司治理示范企业。一局发展在企业治理方面的举措和成就，是对中国特色社会主义市场经济体制下国有企业治理的宝贵探索，也是对党的二十大报告中"构建高水平社会主义市场经济体制"要求的坚决贯彻。

建设现代化产业体系

党的二十大报告中指出：要建设现代化产业体系，实施产业基础再造工程和重大技术装备攻关工程，支持专精特新企业发展，推动制造业高端化、智能化、绿色化发展。

一局发展对于这一要求的贯彻主要体现在企业的创新业务，具体包括以"双碳"、智慧建造和建筑工业化为代表的一系列业务探索。

在"双碳"领域，一局发展建造了全球单体面积最大的超低能耗公共建筑——五棵松冰上运动中心；

在智慧建造领域，一局发展创新奥运场馆智能改造和运维技术，建造了世界首个"冰水转换"双奥智慧场馆——国家游泳中心冰立方；

在建筑工业化领域，一局发展建立了全国首家全产业链装配式建筑智慧工厂——中建（天津）工业化建筑工程有限公司。

为推动创新业务高质量发展，一局发展构建企业智慧运营体系，综合利用 BIM 技术、企业大数据系统和数字化应急指挥中心等技术，形成智能化管理与可视化交底管理体系。同时，企业强化"双碳"领域技术研发应用，强化工程建设全过程绿色建造能力，在新材料、新工艺、新标准方面培育领先优势，制定企业绿色运营管理方案，从技术研发推广、材料综合应用、行为方式转变等方面全面做好绿色低碳运营管理。企业还成立了低能耗技术创新工作室，强化能耗分析与诊断、节能改造、系统运维等方面的管理能力，形成建筑工业化产业化发展优势，实现企业生产方式"绿色化""智慧化""工业化"。

全面推进乡村振兴

党的二十大报告中指出：全面建设社会主义现代化国家，最艰巨最繁重的任务仍然在农村。坚持农业农村优先发展，坚持城乡融合发展，畅通城乡要素流动。扎实推动乡村产业、人才、文化、生态组织振兴。

近年来，一局发展发挥企业优势，在消费、教育、劳务等方面积极助力乡村振兴，同当地群众结下深情厚谊。值得一提的是，一局发展在推动乡村基础设施建设方面做出了突出贡献。2017 年，一局发展成立了基础设施部。经过多年的磨砺，基础设施板块快速成长，业务范围覆盖了高速公路、市政道路、轨道交通、水务环保等领域，其中有不少项目都助推乡村振兴。

例如雄安新区容城县的农村生活污水综合整治项目通过将村民生活污水收集处理后排放或农田灌溉等，保护地下水，保证饮水安全，防止污水直排污染白洋淀流域河流水质，实现水资源的循环利用，改善农村污水横流现状，提升了雄安新区整体环境。

再如河南舞阳北外环项目，规划为城市主干道，其功能为连接县城与周边村镇。舞阳城区内原本交通压力巨大，所有经过舞阳的工程车辆、农用车辆、小型车辆、非机动车辆均在城区内通行，项目建成将大大减轻村镇车辆进入舞阳城区的交通压力，促进城乡间人员和要素流动。该项目不仅促进了当地经济建设，还推动当地村镇就业，为群众脱贫致富、加快农业农村现代化建设添砖加瓦。

诸如此类项目，都是一局发展以实际行动全面推进乡村振兴的生动体现。未来，一局发展还将以优秀的工程总承包能力和产业运营能力，为人民的幸福生活做出贡献。

促进区域协调发展

党的二十大报告中指出：深入实施区域协调发展战略、区域重大战略、主体功能区战略、新型城镇化战略，优化重大生产力布局，构建优势互补、高质量发展的区域经济布局和国土空间体系。

一局发展聚焦京津冀协同发展、粤港澳大湾区建设、长三角一体化发展、西部大开发、东北全面振兴等战略，科学布局国内市场：以北京为依托，以分公司、城市公司为基点，实现东北、华北、华东、西南、华南、华中、西北区域市场深度挖掘和广度拓展，始终保持经营区域布局与国家区域发展战略相契合，以自身发展助力区域协调发展。

值得一提的是，一局发展致力于推进投资开发业务，建立"三区一平台"，积极开拓热点城市市场，成为城市发展的合伙人。"三区"，是指辐射京津冀、长三角、珠三角三个经济带的地产开发类区域投资公司。"一平台"，是指服务于全国的基建投资类平台型分公司。投资重点聚焦北京、上海、天津、成都、无锡、常州、大连、九江、南通等重点城市，打造了中建·十里湖光、中建·凤榕台、上海浦东新区曹路区级征收安置房等地产开发类项目以及广西融福、江桂高速公路，南通绕城高速公路等基建投资类项目，促进当地经济进步。

推进高水平对外开放

党的二十大报告中指出：依托我国超大规模市场优势，以国内大循环吸引全球资源要素，增强国内国际两个市场两种资源联动效应，提升贸易投资合作质量和水平。同时，还要推动"一带一路"高质量发展。

2023 年是共建"一带一路"倡议提出十周年。十年来，作为央企建设主力军和最早"走出去"的企业之一，一局发展始终坚定不移地响应"一带一路"倡议，持续深耕伊拉克、俄罗斯、埃及、印尼等"一带一路"沿线国家，在伊拉克承建纳西里耶国际机场 EPC 项目，在埃及承建新行政首都 CBD 项目、阿拉曼新城超高综合体项目……这些项目向"一带一路"的沿线国家提供了中国方案，为构建人类命运共同体贡献了中国力量。

以上就是一局发展走过的历史征程。在新中国工业化之初，它能够克服一穷二白的困境，在冰天雪地之上构筑起新中国工业化的大厦；在改革开放之初，它能够敏锐地把握时代的潮流，积极与外资开展合作，汲取国际先进经验；在改革走向深入之际，它能够审时度势，推进业务模式和管理模式的领先；在中国式现代化蓬勃发展的新时代，它又能够积极开展多元化的业务探索，提升企业治理水平，致力于成为高质量发展的典范。在历史的风云变幻当中，有多少曾经的天之骄子，已成明日黄花；又有多少后起新秀，最终只是昙花一现。而一局发展至今屹立不倒，甚至焕发出新的生命力。它为什么在每一个历史节点都能够成功地把握时代的机遇？这家企业的发展背后究竟潜藏着怎样的方法论？

第二节　企业能力的重要性

中国国际贸易中心

国家游泳中心（水立方 / 冰立方）

北京环球度假区

深圳平安金融中心

天津环球金融中心（津塔）

……

这份一局发展的建筑清单可以拉得很长，未来还会一直延续下去。建筑无言，口碑在人心间。钢筋水泥，谱写出凝固的诗篇。

为什么一局发展能够穿越历史风云成为这些著名工程的缔造者？从一局发展的历史当中，可以提炼出一个重要的发展理念：

能力第一

1. 企业能力的定义

一局发展坚持的"能力第一"，是指企业将能力增长作为首要追求。关于企业能力，学界有不同的理论解释，大致经历了一个从企业资源能力理论、企业核心能力理论、企业动态能力理论再到企业知识能力理论的演进过程。

企业资源能力理论

企业资源能力理论是沃纳非尔特（Birger Wernerfelt）[1]和巴尼（Jay Barney）[2]等学者提出的。该理论以资源观的视角来定义企业能力，将企业能力视作一种资源。

企业资源能力理论认为：首先，企业能力实际上是对竞争优势的掌控，而关键的资源和能力是企业维持竞争优势的源泉。例如企业的技术资源、市场资源、地租资源等，这些资源会转变为成本优势，从而为企业提供长期的竞争优势。其次，企业拥有的资源应当是有价值的、稀缺的、不可完全被模仿和替代的，只有这样的资源才能够为企业提供持续的竞争优势。最后，企业应当通过异质性的能力来取得竞争优势。

企业核心能力理论

企业核心能力理论是普拉哈拉德（C. K. Prahalad）和哈梅尔（Gary Hamel）在 1990 年提出的[3]。该理论认为企业本质上就是一个能力的集合体。所谓核心能力是指企业内部的技能和知识的结合，它具有使一项或多项业务达到竞争领域一流水平的功能。企业的核心能力是企业最宝贵、最主要的资源，一个企业的核心能力水平界定了企业的经营范围和业务边界。例如，对于将供应链、库存和物流管理作为核心能力的沃尔玛百货（Walmart）来说，他们通过高效的信息管理系统保障

---

[1]Birger Wernerfelt.1984.A Resource-based View of the Firm.Strategic Management Journal，5:171-180.

[2]Jay Barney.1991.Firm Resources and Sustained Competitive Advantage.Journal of Management，17(1):99-120.

[3]PrahaLad C K，Hamel G.1990.The Core Competence of the Corporation.Harvard Business Review，68(3):79-91.

一小时内快速掌握全球 8000 多家店铺的各种信息，包括每种商品的销售、出入、上架、存货等情况，并通过高效的物流系统，保障商品在 48 小时内运送到位。对于将成本控制和营销渠道作为核心能力的小米来说，他们通过代工生产和庞大的互联网销售渠道让业务几乎涵盖了生活所需的方方面面。

企业动态能力理论

蒂斯（David J. Teece）、皮萨诺（Gary Pisano）和希恩（Amy Shuen）三位学者认为企业动态能力是整合、建立和再配置内外部资源和能力的一种能力，只有能够协调地配置内外部资源，并且能够快速灵活地进行产品创新的企业才能够在全球市场中成为胜利者。[①]

企业动态能力主要包含以下内容：整合资源的动态能力，能够复制和转变常规的惯例，帮助重新组合资源；获取和让渡资源的能力，能够帮助进行取舍，例如创造新的惯例、放弃不合时宜的惯例或是从外部获取新惯例。这些对于企业经营惯例的调整就像是企业的免疫系统，帮助企业识别内外部可能发生的风险和隐患，及时进行资源和机能的调整，从而让企业建立一种先发优势，更好更及时地适应环境。

企业知识能力理论

罗伯特（Robert）提出另一种关于企业能力的解释理论，即企业实质上是一种系统的知识[②]。首先，企业不仅需要获取知识，更需要具备协调、整合和创新知识的能力。这种能力是企业独有的，体现在企业的成规中。成规可以被视为"一个组织的知识技能的集合"，包括了企

---

①David J. Teece，Gary Pisano, Amy Shuen. 1997. Dynamic Capabilities and Strategic Management Journal，18(7):509—533.

②Robert M. Grant.1996.Toward a Knowledge-based Theory of the Firm.Strategic Management Journal，17:109—122.

业在构建和运营过程中所依赖的行事方式、规则、程序、习惯、战略和技术。其次，企业知识能力理论将企业视为一个知识系统，强调在生产和服务活动中，要建立获得、运用和创新知识的一体化有效机制。尤其是通过边学边干，企业能够积聚和创新生产和服务所需的隐性知识。再次，企业的异质性源于企业在生产过程中形成和积聚的知识的差异。这意味着不同企业拥有不同的知识基础，从而导致其在市场竞争中展现出不同的能力和竞争优势。这种异质性也可以解释为企业在知识整合方面的差异。最后，企业管理的主要任务是为了知识整合建立必要的协调。这意味着企业需要确保各部门、团队以及内外部合作伙伴之间的协调与合作，以便有效整合和利用各种知识资源。企业管理者需要发挥领导作用，促进知识的流动和共享，以实现知识的整合和创新。

综合以上理论解释，本书中对企业能力进行如下界定：所谓的企业能力，指的是企业用于实现和贯彻其自身意图的一切知识、技能、资源、制度等的总和。企业的自身意图包括维持竞争优势、持续盈利、长期存续等。

一局发展为什么坚持"能力第一"？在企业经营实践中，往往存在两种倾向：一种是追求企业效益指标，将提升效益作为企业发展的首要任务；另一种倾向是追求包括使命、价值观等内容的企业认同，认为夯实企业认同是企业长期存续和发展的前提。但这里存在两个问题：

首先，企业效益和企业认同都有各自的局限性。企业效益是指企业生产总值和生产成本之间的比例关系，即单位资本与单位利润之间的比较关系。企业效益是一种高度物质性的外在现象，它是变动不居的。企业以效益为首要追求，容易导致企业沉溺在效益数字的变化中，而忽视了效益背后的本质。而企业认同是指企业内部那些获得员工的赞同并吸引员工为之奋斗的目标或价值。企业认同是高度精神性的，以企业认同为首要追求，容易导致企业沉溺于形而上的话语建构和文化建构，进而丧失了在商业世界当中处理具体问题的能力。在中国企业史当中，过度追求统一内部认同而导致自身建设陷入"假大空"陷阱的企业并不在少数。还有一些企业执着于过去的经验，将企业在特定历史条件下获得的能力上升到认同的层面，不许做任何更改，导致企业上下在快速变化的形势面前，不敢越雷池一步，最终丧失了适应性创新的能力。

其次，精神性的企业认同和物质性的企业效益之间很难直接转化，它往往需要一个过渡性衔接。

企业能力就是衔接企业认同和企业效益之间的齿轮，它是企业应当追求的首要目标。坚持能力第一，可以让企业认同获得落地；坚持能力第一，又可以让企业效益获得坚实的基础。可以说，企业认同是内圣，企业效益是外王，而企业能力就是一家企业在内圣和外王之间充当衔接的载体，是精神和物质之间的"中道"。

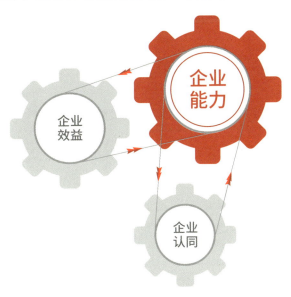

图 1-1　企业能力传输齿轮

2. 企业能力联动企业认同与企业效益

企业能力作为中央齿轮，对于企业认同和企业效益具有联动的作用。

企业能力帮助企业认同落地

企业认同塑造了企业员工共同价值观。员工对组织的认同建立在价值观的共鸣上，他们与组织价值观的契合程度决定了他们对组织的归属感和承诺度。这种认同感推动员工自觉遵守组织的规范和价值观，将企业认同转化为行为准则和行动指南。

当然仅有认同是不够的，企业认同需要转化为一定的企业能力才能够真正落地。例如乔布斯时代的苹果将"产品至上"视作核心认同，无论是麦金托什电脑（Macintosh）还是对手机市场带来革命性影响的iPhone，都是这一理念引领下的产物。为了推动这一理念落地，苹果致力于打造"最好的工程师和设计团队"，同时企业的人力资源、管理模式等都致力于激发这些团队的创造力，这才带来了声名远播的苹果产品。

一局发展公司的企业认同可以归纳为两句话：

引领行业的使命感，拒绝落后的危机感。

这两句话是一体两面：因为要引领行业，所以拒绝落后。因为拒绝落后，所以更要引领行业。

一局发展在建筑行业的引领地位，体现在以下三个方面：

第一，工程品质领先。一局发展高度重视交付给客户的工程品质，勇于对各种高、大、精、尖、难、特的项目进行攻关，比如在超高层建设领域，建成包括600米高的深圳平安金融中心在内的90余座超高层建筑，不断刷新中国及世界纪录；在超级厂房建设领域，建成包括时为全球最大液晶屏生产基地的合肥京东方 10.5 代线在内的百余座高科技电子厂房，被誉为"全球高科技电子厂房首选承包商"；在大型复杂公建建设领域，建成包括世界最大奥运游泳馆、世界最大膜结构工程、世界第一个多面体空间刚架结构建筑国家游泳中心（水立方／冰立方）在内的百余座公共建筑；在新基建建设领域，建成包括长三角 IDC 云端小镇在内的百余座数据中心，被誉为"中国 IDC 建设领域全产业链最优总承包商"。

第二，管理模式领先。一局发展高度重视对管理模式的创新，率先在行业内确立"法人管项目"的组织模式，并确立了质量效益型发展道路，推行全面质量管理，推出精品工程生产线，全面提升管理品质、履约能力和品牌美誉度；同时，一局发展注重内部的精细化经营体系，经过长期的制度积累，在客户管理、成本优化、招标采购、资金管理、结算管理等方面拥有细致全面的制度规定，在行业内处于领先地位。

第三，行业口碑领先。一局发展成为中国建筑业首家荣获全国质量管理奖、首批获得住建部房屋建筑工程施工总承包特级资质和建筑行业甲级设计资质的企业，还荣获了包括国家科技进步一等奖在内的国家科技进步奖 5 项，并多次荣获中国建筑业最高奖中国建设工程鲁班奖、国家优质工程奖、中国土木工程詹天佑奖等。这些都是一局发展行业口碑的最佳证明。

工程品质、管理模式和行业口碑，共同支撑起一局发展在建筑行业的引领地位。从中国工业建筑的领导者到改革开放的先行者，到现代管理范式的领航者，再到高质量发展的典范，一局发展始终引领着每一个建筑时期。这种光荣的历史塑造了一局发展对于自身引领建筑行业的使命感。

正如古以色列王国的所罗门王曾在指环上刻下箴言："这也会过

去。"一局发展也清醒地认识到,"引领地位"永远是相对的,而非绝对的。行业引领地位不会是永久性的。因此,一局发展的企业认同中还存在另一个维度:拒绝落后的危机感。这源于建筑行业是一个充分竞争的行业,即使暂时领先,身后也仍有无数追赶者,一家建筑企业随时可能因为质量和口碑的下滑而在竞争中掉队。

一局发展的能力建设,正是为了对"引领行业的使命感,拒绝落后的危机感"这一企业认同加以落地。只有不断培育企业能力,才有资格去引领行业和拒绝落后。

企业能力是企业效益的基础

企业效益是迷人的,但片面追求效益却可能带来风险:沉迷于效益数字的上升,而忽略了企业能力的持续进步。在一定的市场环境中,企业的能力能够短暂胜任市场需求,带来不错的效益。但如果没有企业能力的持续增长,这种效益不过是空中楼阁、镜花水月。当企业发现自身能力已经不足以回应市场需要,转而急于提升能力之际,却已经回天无力,只能被市场无情抛弃。

《基业长青》一书中就提到:高瞻远瞩型公司在新技术、新管理方法和创新产业的做法方面,比对照组公司通常要行动得更早、更积极,他们不会等待外部世界的要求才开始变革,通常会主动采纳新事物。比如通用电气在其整个历史中都比西屋电气采用更先进的管理方法,包括目标管理、分权、员工授权等。迪士尼一向有投资电影新科技的传统,在对手忧心忡忡地考虑可能的缺陷时,就已经迅速利用了新科技。书中也提到,飞机制造公司麦道一贯表现出极度注重短期绩效的心态,公司因此受到限制,不能大胆地向未来迈进,尤其是在建造巨无霸喷气式客机方面迟疑不决。1978 年美国《商业周刊》中有一篇文章形容麦道"带着斤斤计较的倾向",批评麦道这种保守、短视、注重成本控制的导向，这也是麦道最后回天乏术，被波音收购的重要原因。①

无论是通用电气采用先进管理方法，还是迪士尼投资电影新科技，都是企业在不同维度上对"能力"的追求。而麦道公司"极度注重短期绩效"，正是过度追求效益指标的体现。

可见，企业只有将能力建设放在第一位，才可能获得持续而真实的效益增长。效益是能力的外化结果。

3. 企业高质量发展，就是能力高质量发展

一局发展对于企业能力的高度重视，在公司的战略规划中体现得淋漓尽致：

在"十五"规划中，明确提出："形成技术创效能力，壮大机电、钢结构技术力量，发展设计、咨询和项目管理能力。"

在"十一五"规划中，又提纲挈领地指出："以技术创效、科学管理、高效执行为重点的创效能力依然不足"，呼吁补全能力。

在"十二五"规划中，一局发展仍不忘发出警醒："'十一五'期间，公司虽然取得了较大的发展，企业的经营规模与经营质量都有所提高，但企业长远发展的动力仍略显不足，长远发展的能力仍稍显欠缺。"

在"十三五"和"十四五"规划中，可以不断看到如下表述：

"打造全面专业能力支撑"

"强化总承包管理能力，提升服务客户能力"

"打造一个整体上有合力、个体上有能力、上下认可很得力的领导班子"

---

① ［美］吉姆·柯林斯，［美］杰里·波勒斯. 2019. 基业长青. 真如译. 北京：中信出版集团，225-226.

"优化成本策划能力"

"打造精致的合约管理能力"

"设计业务以设计中心为平台集成专业能力，不断提升深化优化设计能力"

"在实际应用中，形成构件设计、生产、施工管理全产业链能力"

……

能力、能力、能力，一局发展始终如一地强调"能力"，就是因为这家企业不仅关注效益业绩，更专注于企业能力进步。在变幻莫测的市场面前，一局发展永远是一个谦虚谨慎的学生，以自身能力增长为第一要务。在一场场大考中的优异成绩，都并非出自侥幸，而是"功到自然成"的结果。

在一局发展看来，企业的高质量发展就是能力的高质量发展，对于能力和发展的关系，一局发展从来不是固步自封，只做能力范围以内的项目，而是不断精进，通过修炼企业能力，补足能力短板，出色地完成原本不可能做成的事。

高科技电子厂房建造是一局发展的一项核心优势，与这项优势相关的关键能力之一是洁净建造能力。洁净区是电子厂房的核心生产区域，洁净标准要达到 1000 级—10 级，即要求洁净区域内每立方英尺微尘不能超过 1000 颗。

从 2003 年起，一局发展开始进入高科技电子厂房建设领域，对洁净工程设计施工技术进行研究，成为全国洁净室及相关受控环境标准化技术委员会（SAC/TC319）委员单位。2004 年，一局发展先后组织多人进行洁净室工程师认证培训，培养高科技电子厂房洁净工程专业人才。2008 年，《洁净室施工技术的研究与应用》荣获第四届中国建筑工程总公司科学技术奖。2018 年，一局发展承接广州超视堺第 10.5 代 TFT-LCD 显示器件生产线项目洁净 C2 包工程，实现了中国建筑在最高世代线厂房洁净领域零的突破，同时实现了公司承建主体结构、常规机电、CUB 综合动力站、洁净的全产业链服务。2020 年，一局发展的科研成果《超大高科技电子厂房关键施工技术研究》荣获华夏建设科学技术奖一等奖……一局发展主动修炼洁净建造能力，全面进入半导体显示、半导体芯片、新能源等高科技电子厂房建设领域，被誉为"全球高科技电子厂房首选承包商"。在行业内创造了五个"唯一"：

唯一进入最高代线 10.5 代 TFT 厂房无尘室洁净建设领域的中国建筑企业；

唯一包括 TFT 厂房结构、装修、机电及洁净包全覆盖的承建商；

唯一包揽中国全部（4 条）最高代线 10.5 代线厂房的企业；

唯一完成半导体显示全部代线生产线厂房建设的企业；

唯一在高科技电子厂房建设领域获得鲁班奖、詹天佑奖、国家优质工程奖的企业。

这在一局发展能力积累的历史上只是一个局部，一局发展的企业史就是一棵企业"能力树"不断发枝散叶的历史。

美国著名企业管理学者吉姆·柯林斯（Jim Collins）在他的著作《从优秀到卓越》（Good to Great）中提出了决定企业核心定位的三个问题：我们对什么充满激情（What Are We Deeply Passionate About）；我们在什么方面最优秀（What Can We Be the Best In the World At）；什么是驱动我们的经济引擎（What Drives Our Economic Engine）。这三个最简单的问题描述了一家卓越的企业如何管理和经营。

对于一局发展而言，这三个问题的答案都是明显且清晰的：

我们对什么充满激情？我们对于企业能力的增长，以及用企业能力去解决实际问题充满激情；

我们在什么方面最优秀？我们在企业能力的积累和创新方面最优秀；

什么是驱动我们的经济引擎？企业能力的持续增长是驱动我们的经济引擎。

那么，一局发展究竟积累了怎样的企业能力？

第三节　构建企业的能力大厦

经历数十年的市场磨砺和自我提升，一局发展拥有了一套系统的企业能力体系，为了方便理解，本书将这些能力整合为"企业能力大厦模型"。

一局发展的企业能力体系由四种能力有机构成，分别是：纲领设计能力、领导力、文化构建能力、价值创造能力。这四种能力构建起了一局发展的企业能力大厦，代表着一局发展根基深厚，视野高远。

纲领设计能力如同大厦的支撑体，负责塑强企业主体结构。

领导力如同大厦的穹顶，负责引领企业战略高度。

文化构建能力如同大厦的地基，负责筑牢企业发展根基。

价值创造能力是大厦内部的功能空间，也是直接提供价值的生产和生活区域，负责为企业创造社会价值，获取社会回报。

企业能力大厦模型还有更深层的含义，领导力、纲领设计能力和文化构建能力共同搭建了企业的组织框架，价值创造能力则代表企业为客户提供功能空间的能力，企业的组织框架越先进，提供的功能空间就越能满足客户的各类需求。

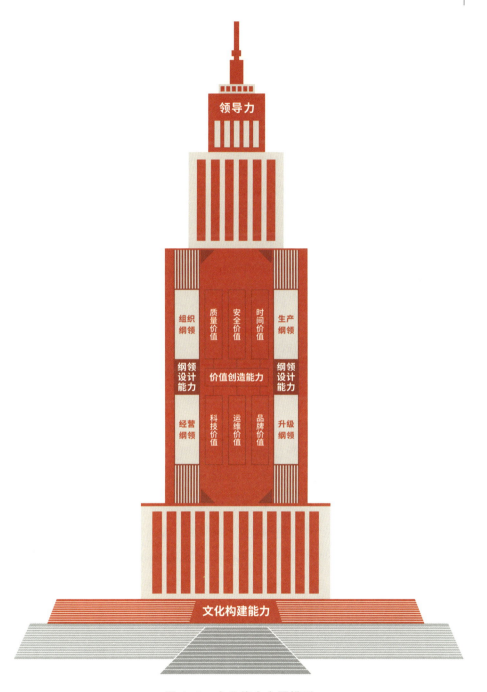

图 1-2　企业能力大厦模型

下面分别来介绍这四种能力。

1. 大厦支撑体：以纲领设计能力塑强企业主体结构

企业纲领就是一个企业内部共同遵循、相对稳定的基本准则[①]。它具有以下三点特征：一是根本性，即它是对企业经营管理经验的根本总结；二是稳定性，即它不易受到外部干扰或内部变动的影响而长期沿用；三是全体性，即它为企业所有部门、所有人员共同遵守，而非仅为一部分人、一部分部门使用。

对于一局发展而言，企业纲领可以概括为："法人管项目"的组织纲领、以精细化经营体系为内容的经营纲领、"用我们的承诺和智慧雕塑时代的艺术品"的生产纲领，以及追求世界一流的升级纲领。

"法人管项目"是一局发展长期坚持的以项目为中心的组织模式。"法人管项目"规定主体责任归企业法人，追求服务品质一致、企业能力一致和权责利一致，以资源集中、人员激励和合理授权保证企业法人对项目管理进行实际和有效的管控。

精细化经营体系是一局发展的经营纲领。一局发展秉持"高价值创造、低成本运营"理念，建立了包括全面预算管理体系、合约规范化管理体系、生产资源供应链体系、完全成本核算体系和全周期现金流管理体系五大体系在内的精细化经营体系，提升企业经营品质。

生产纲领以"质量方针"为中心，具体表述为"用我们的承诺和智慧雕塑时代的艺术品"。围绕这一中心，一局发展坚持"质量为先"

[①] 如丰田公司即拥有"丰田纲领"：第一条：上下一致，至诚工作，产业报国（至诚）；第二条：致力于研究和创造，永远领先于时代潮流（勤劳）；第三条：戒华美，追求质实刚健（本分）；第四条：温情友爱，营造家庭般的和美氛围（谦让）；第五条：心怀报恩感激之情生活（感恩）。当然，企业纲领在不同企业也可能拥有不同名称，如在华为，它被称为"基本法"，鞍山钢铁公司在20世纪60年代则将自身总结出的基本经验称为"鞍钢宪法"。

理念，以"过程精品"为核心，建立了"精品工程生产线"，并推动其适应时代发展，不断迭代，引领建筑行业的质量管理发展。

升级纲领以向世界一流迈进为目标。在发展理念上注重深耕产业，同时以多元化和国际化为手段进行同轴发散，通过战略规划和动态能力的有机结合，主动进行多种能力的吸收与整合，推动企业持续升级。

一局发展的组织纲领、经营纲领、生产纲领和升级纲领相互联系，紧密配合，共同构筑起一局发展的企业主体结构。

2. 大厦穹顶：以领导力引领战略高度

领导力在企业能力体系中如大厦的穹顶，起到引领战略高度的作用，登高方能望远。毛泽东同志曾经说过："什么叫做领导？领导和预见有什么关系？预见就是预先看到前途趋向。如果没有预见，叫不叫领导？我说不叫领导。"美国学者詹姆斯·库泽斯（James Kouzes）和巴里·波斯纳（Barry Posner）的《领导力》一书（第3版）则认为，领导力是领导者如何激励他人自愿地在组织中作出卓越成就的能力。

一局发展对于领导力有独特的理解，可以概括为"红蓝绿"三基色：红色代表党建引领的领导集体精神，蓝色代表拥抱市场的领导集体行为，绿色代表激发组织活力的领导集体风格。

一局发展是中国共产党领导下的国有企业，坚持党的领导、加强党的建设，是国有企业的"根"和"魂"，是国有企业的独特优势。红色是一局发展领导集体的精神底色，它强调要坚持党的领导，为国家战略当先锋做贡献，为企业员工谋幸福谋发展，切实担负起国有企业"六个力量"的使命。

蓝色代表拥抱市场的领导行为。作为主动拥抱市场的国有企业，一局发展率先参与市场竞争，并成为在市场竞争中确立自身地位的建筑企业。在此背景下，一局发展的领导集体对于管理企业的基本态度是：尊重市场规律，凭借能力提升参与市场竞争。这具体表现为两点：一是"以结果论英雄"的团队业绩观，即一局发展的领导集体尊重所有员工在企业建设中有价值的努力；二是"上接天、下接地"的顶层设计力，即一局发展的领导集体既具备前瞻性的视野，又拥有联系企业发展实际，将宏伟战略落地的能力。

绿色代表注重激发组织活力的领导集体风格。一局发展是拥有现代企业治理体系的建筑企业，一局发展的领导集体也一贯重视激发组织活力，为企业发展注入持续的动力。这种领导风格以领导者的非权力性影响力为前提，并通过人本管理、参与式管理和赋权管理，构建平等开放的职场，激发企业员工的创造力。

综上所述，党建引领下的领导集体精神、拥抱市场的领导集体行为以及激发组织活力的领导集体风格，共同构成了一局发展的领导力体系。这三者也分别反映了一局发展在三个维度上的特征，一局发展是党领导下的国有企业，是主动拥抱市场的建筑企业，也是注重企业治理的现代企业。因此，一局发展的领导力体系和企业的特征是相互配合、相互促进的。

3. 大厦地基：以文化构建能力筑牢企业根基

企业文化是一种文化和经济结合的产物，组织行为学和管理学又称之为组织文化和管理文化。尽管用语不同，但企业文化这一概念的基本含义是一致的，即指企业在一定价值体系指导下选择的普通的、稳定的、一贯的行为方式的总和。它对于企业而言，具有帮助企业筑牢发展根基的功能，因此将其比喻为大厦的地基。

一局发展的文化构建能力表现在三个方面：企业文化的凝聚、企业文化的提炼，以及企业文化的执行。

在企业文化的凝聚上，一局发展注重以追求为导向。在新中国成立之初的艰苦创业时期，为了圆满完成党和国家给予的任务，一局发展以"野战军精神"鼓舞斗志、战胜困难。在改革开放时期，为了在激烈的市场竞争中追求生存和发展，一局发展孕育了"绩效观念"，鼓励员工积极生产，勇争上游。新时期，随着中国的国际地位日趋提升，中国对世界经济的影响力日趋显著，国有企业肩负的使命日趋重大，为了追求成为世界一流企业，一局发展将企业的集体意识凝聚为"专业 可信赖"的企业文化，并以此为精神动力，引导员工勇攀新的高峰。

在企业文化的提炼上，一局发展首先关注对文化底色的创造性转化。一局发展的文化底色是新中国建立初期的"野战军精神"，这种"野战军精神"通过成功的创造性转化，已经成为支持一局发展长期奋斗拼搏的精神。其次，一局发展重视在动态变化中回应主要矛盾。一局发展能在自身发展的每一个阶段，准确地识别和抓住主要矛盾，从而有的放矢地用企业文化要素建设增强团队凝聚力，集中精力解决主要矛盾。这使企业文化真正发挥了大厦地基的作用，维持企业在变化环境中的长期稳定。同时，一局发展重视对企业文化的提炼，在企业内部塑造了有影响力的文化话语体系，以此凝聚企业员工的集体意志。在企业文化的执行上，一局发展将其划分为文化解释、文化引导和文化落地三个层次。在解释层面，一局发展不仅注重对企业文化话语的内涵解读，还将其具象为对应的员工行为准则，让企业员工获得直观的理解。在引导层面，一局发展坚持"干部当先，榜样带头"，以领导干部和模范榜样的带头作用让企业员工信服和融入企业文化。在落地层面，一局发展拥有两件独特的文化执行"法宝"：一是将项目职业经理人这一群体作为企业文化的载体，二是通过企业文化融入语言习俗推进文化落地。

一局发展不但拥有与时俱进的企业文化,还在企业文化的发展历程中淬炼出行之有效的文化构建能力。这是一局发展能够在历史风雨中长期屹立的有效保证。

4. 大厦功能空间:以价值创造获取社会回报

企业终究要靠盈利才能存活,而长期持续的盈利,必须建立在为客户创造价值的基础之上。一局发展坚持为客户创造价值,就如同大厦的功能空间,满足客户的各类需求。

一局发展将为客户创造的价值分为三个层次:价值主张、普遍价值和定制化价值。这源于公司对建筑行业的深刻洞察,一局发展将价值主张界定为:"致力于人类生产生活空间的持续进步"。一是源于一局发展对建筑行业做出了基于"第一性原理"的洞察:建筑行业从其诞生之日起,目的就是改善人类的生产生活空间。二是源于一局发展"为客户创造价值"的服务理念,一局发展不仅以其优异的工程总承包能力为客户提供精品工程,还致力于提供建筑全生命周期和全产业链的精品服务。

普遍价值是指公司为所有客户都提供的基础价值,具体包括质量价值、安全价值以及时间价值。为提供质量价值,一局发展坚持通过超前服务深入了解客户的质量需求,对工程承诺一次成优不返工,并为客户提供声誉附加值,不以质量保修期为服务终点,为客户提供品质服务。为提供安全价值,一局发展坚持进行严于律己的因果链管理,追求从根本上消除事故隐患,并通过安全生产责任体系、安全风险防控体系、安全生产监督体系,保证施工安全。为提供时间价值,一局发展坚持进行科学的时间管理,在保证质量的前提下,统筹任务资源、任务界面,通过穿插作业等手段缩短工期,提升客户时间效益。

定制化价值是指一局发展针对客户的个性化需要提供的价值，具体包括科技价值、运维价值以及品牌价值。为提供科技价值，一局发展自觉进行技术攻关，勇于承担高难度建筑工程，并在多重动力的驱动之下，不断提升企业的科技水平，成就客户梦想。为提供运维价值，一局发展秉持造好建筑，还要用好建筑的理念，从体感需求、经济需求和定制需求三个层次，为客户提供工程交付以后的持续性价值。为提供品牌价值，一局发展秉持"己立立人，己达达人"的理念，为客户进行品牌赋能，帮助客户的工程项目获得良好的公众形象，实现企业与客户之间的品牌共赢。

一局发展的企业能力大厦模型是对历史经验进行总结和提炼的成果。它解答了一局发展在企业发展的历史中积累了怎样的能力结构，这些能力又分别可以解决怎样的问题。这一模型是一局发展始终坚持能力第一的成果，也是一局发展坚持走以能力为基础的高质量发展之路的写照。

第二章

纲领设计能力：
理念、核心与方法

　　企业纲领是一个企业内部共同遵循的、相对稳定的基本准则，是对企业经营管理经验的根本总结。

　　对于一局发展来说，它的企业纲领可以概括为："法人管项目"的组织纲领、以精细化经营体系为内容的经营纲领、"用我们的承诺和智慧雕塑时代的艺术品"的生产纲领，以"向世界一流迈进"为目标的升级纲领。

　　本章将从理念、核心、方法三个层面对这些纲领进行解释。"理念"是指纲领所追求的理想目标；"核心"是指这一纲领背后的指导思想；"方法"是指落实这一纲领的具体做法。

第一节　组织纲领：法人管项目

"法人管项目"是建筑企业对其承接项目进行管理的一种体制。"法人管项目"强调企业层级要管理项目，并对项目负最终责任。在"法人管项目"体制之下，企业负主体责任，坚持集权、授权相结合原则和责任、权力、利益、能力相对等原则，建立并运行对项目的管理体系。为了贯彻"法人管项目"的组织纲领，一局发展坚持"对内不承包，对外不挂靠"。"对内不承包"是指一局发展以自身为主体进行项目管理，不将项目交由任何项目经理或施工队来承包；"对外不挂靠"是指一局发展对自身名下的所有工程项目都进行管理并负全责，不允许任何机构挂靠本企业，以本企业之名从事建筑施工活动。

"法人管项目"体制诞生的时代背景是计划经济向市场经济的变革。在 20 世纪 80 年代，这一时代背景给一局发展带来了两个转变：一是从计划经济条件下追求产值和产能，向市场经济条件下追求综合效益转变；二是从计划经济条件下按企业固定建制承接任务，向市场经济条件下以工程项目为生产经营活动对象的生产方式转变。

面对这两个转变，一局发展对自身的生产管理体制做出了变革，引入"项目法施工"，以项目经理部为项目管理层，对项目的综合效益负责；以施工力量为作业层，在项目经理部管理下开展施工。"项目法施工"实现了项目管理和施工作业的分离，以项目经理部为项目核心担当体，有利于工程管理从单纯追求产值向追求项目综合效益转变。随着"项目法施工"逐渐成为行业内的普遍做法，在推行过程中一些弊端也逐渐显现，如过分强调向项目放权，导致作为法人代表的企业总部经营权力分散、管控能力削弱。一局发展审时度势、防微杜渐，探索法人层级与项目层级在经营管理界面的平衡点，建立了"法人管项目"的组织模式。这一组织方式在后来的历史中又得以不断地更新与升级，成为一局发展最核心、最根本的组织纲领。

本节将从理念、核心和方法三个层次，对"法人管项目"进行解释。

1. 理念："一归三一致"

所谓"一归"是指主体责任归企业法人，而所谓"三一致"，是指"服务品质一致""企业能力一致"和"权责利一致"。

图 2-1 "一归三一致"理念

主体责任归企业法人

项目经营的主体责任归企业法人，这背后有三个原因：

一是有利于防范风险。工程项目都是以企业的名义承接，无论是交由哪个项目团队实施，在法律层面都需要企业对过程和结果承担责任。主体责任归企业法人，既是依法合规经营的必然要求，也是防患于未然的有效手段。

二是有利于保障品质。经营规模的扩张、业务范围的拓展、管理团队的稀释，使优质管理、均质履约面临的挑战不断增大，主体责任归企业法人，从企业整体的层面加强统筹，建立项目管理体系，完善管控和服务机制，在管控中服务、在服务中管控，对于解决项目履约离散度的问题具有重要意义。

三是有利于创造价值。对于追求高端建造和建筑全生命周期深度服务的现代建筑企业，通过在企业法人层级对项目所需的设计、技术、数字化等要素进行集成，最大限度释放效率和效益的潜力。主体责任归于企业法人，更有助于实现管理效率、经营效益同步提升。

服务品质一致

项目服务品质的一致，是"法人管项目"体制建立的初衷和根本目的。企业法人承担主体责任，可以从以下三方面，保证服务品质始终如一：

第一，对生产流程进行统一规定，确保不同的项目严格遵循同样的规范，这在一局发展内部体现为"精品工程生产线"的工程管理模式。

第二，对品质标准进行统一要求，确保不同的项目接受同样标准的考核，以监督各项目努力完成目标，这在一局发展内部体现为"方针目标考核"的考核制度。

第三，对员工价值观进行统一引导，确保不同的项目团队拥有相同的价值取向，坚持质量为先、追求精益求精，从"人"的层面实现服务品质一致，这在一局发展内部主要体现为"用我们的承诺与智慧雕塑时代的艺术品"的质量方针。

保证流程、标准和价值观一致，这就是一局发展保障服务品质一致的主要抓手。

企业能力一致

企业能力一致包含两个维度：一是纵向各层级的能力一致，二是横向跨项目的能力一致。现代建筑企业管理具有上述两个维度：在纵向维度，管理链条上每一个环节的负责人都应当具备企业基准要求以上的能力，才能确保管理链条不发生缺环或断链，避免企业对工程项目失去管控；在横向维度，现代建筑企业需要同时管理多个大型工程项目，只有每一个工程的各级负责人都具备企业基准要求以上的能力，才能确保每一个工程都实现超越客户预期的价值交付。

一局发展从以下三方面确保企业能力一致：

第一，高标准的人才选育。对于现代建筑企业而言，最重要的资源是人才，所谓能力的一致性，本质上是人才的能力一致性。一局发展对于各级管理人员和执行人员进行严格筛选和精心培育，确保其具备企业基准要求以上的能力。

第二，全过程的行为监管。为保障工程质量，需要对项目团队的行为进行全过程的有效监管。这在一局发展内部主要体现为方针目标考核、体系内审、纪检、巡察和审计制度。

第三，高饱和的资源供应。这里的"资源"具体包括有形的生产物质资源，即资金、建筑材料、劳务人员等，以及无形的专业支持资源，即设计、技术、信息化和数字化等支持。有形资源的供应主要体现为扎实的供应链管理，无形资源的供应主要体现为来自企业层级的智力支持。高饱和的资源供应确保了项目团队不会因资源短缺而"难为无米之炊"，使他们的能力能够得到充分发挥。

权责利一致

所谓"权责利一致"，即权力、责任和利益的一致。换言之，有多大权力就承担多大责任，分享多大收益。这也是一局发展确立"法人管项目"体制的主要原因之一。如果项目的管控权和收益权都归于项目职业经理人，而项目责任却由企业法人来承担，这势必造成权责利的不一致，而导致生产管理体制难以长期持续。"法人管项目"体制确立以后，主体责任归企业法人，根据权责利一致的原则，对项目的管控权和收益权也归于企业法人。同时，企业法人还掌握对收益的分配权，依据权责利一致原则，对相关主体进行收益分配。

项目团队依据企业法人授权开展项目管理，在授权范围内承担责任并获得收益。在一局发展内部，项目团队承担的主要责任是提升项目的综合效益，完成项目综合目标，具体包括质量、工期、安全、经营等。项目团队在完成指标之后，通过指标完成情况获得奖励和收益。

"法人管项目"是一局发展最核心、最根本的组织纲领。它的根本原则是"主体责任归企业法人"，在此基础之上，建立起保证"服务品质一致""企业能力一致"和"权责利一致"的项目管理体制，成为一局发展坚持质量和效益的重要保证。

2. 核心：资源集中、人员激励、合理授权

一局发展关于"法人管项目"的核心指导思想体现为资源集中、人员激励和合理授权。资源集中是前提，企业法人做到资源集中，才有能力对项目进行管控、做好服务；人员激励和合理授权共同塑造企业法人和项目经理部的关系，保障"法人管项目"体制的长期稳定。

资源集中

"资源集中"是"法人管项目"的前提。一局发展的资源集中经历

了三个阶段的变化：

图 2-2　资源集中的三个阶段

第一阶段是 20 世纪 90 年代初，即"法人管项目"的实施初期，体现为对人、财、物的集中。具体来说，就是人力资源的集中管理、财务资金的集中控制以及物资材料的集中采购。在这一阶段，人、财、物是最重要的生产资源。20 世纪 90 年代初期，一局发展建立"法人管项目"的组织模式，主要着眼于人、财、物的集中，具体包括以下三点举措：

一是确定十个方面的权力由公司总部实施集中控制，即：（1）经营决策权（2）资金控制权（3）生产要素调配权（4）项目成本控制权（5）施工组织设计和技术方案的制定权（6）人事管理权（7）物资采购权（8）对外合同签订权（9）内部任务分配权和分承包方选择权（10）利益分配权。

二是确定公司总部和项目之间的利益分配关系。取消项目经理部的利润承包和分成制，实行合同履约和管理责任承包，项目利润全部上交总部。确定项目是管理和成本的中心，项目经理部以建造成本为刚性目标开展成本管理活动。同时保障项目经理个人收益水平及合法性，并控制在公司内部制定的额度范围内。

三是建立与项目管理相配套的软件管理机制。在经营层面，建立经营预算报价体系、合同管理体系、符合国际惯例的项目成本管理机制；在技术层面，建立能反映公司整体优势的技术管理机制，实行方案工程师负责制；在人力资源层面，健全人才开发与管理体系，培养素质好、业务精、管理水平高的员工队伍。

不难看出，上述三点举措的根本目的是将人、财、物这三项关键生产资源集中在总部。需要说明的是，这里的"总部"是一个弹性的概念，并非专指公司总部，而是项目上一级单位的统称。在经营规模不大、项目数量不多、管理能力足够的时期，一局发展以公司总部直接管理所有项目；随着经营范围拓展、业务规模扩张、项目数量增多，一局发展则通过设立区域分公司等二级单位并对其授权赋能，提升其代表公司总部管理区域内所辖项目的能力，来进一步满足管理幅度增加后的精细化、高质量管理要求。

第二阶段是 21 世纪初期，在人、财、物集中的基础之上，又加入了智力资源的集中，即技术、设计和信息化资源。 随着建筑行业形势的变化，技术、设计和信息化支持等智力资源成为新的关键生产资源，对于工程质量的影响日趋明显。

在技术资源领域，2009 年，依据企业发展内在需求，一局发展在整合技术发展部与技术中心的基础上成立新技术中心，建立专家委员会和分层次、有侧重、高效率的技术人才组织体系，打造技术集约、创新与支持服务的新平台，完成了由项目和个人经验向企业整体实力转化。2010 年，一局发展印发《技术中心专业技术领域职能建设计划》，对专业技术领域工作做出系统性安排，在基坑、模架、钢结构、深化设计等领域深度参与项目技术管理策划，切实为项目解决了大量技术难题，直接有效地促进了项目履约品质提升。同时，通过持续的技术积累和科技攻关，一局发展获得我国测量领域首个国家科技进步奖、国际桥协杰出结构大奖等重大技术荣誉，并通过国家级高新技术企业认证。

在设计资源领域，2008年，一局发展技术部、机电部分别设立了4—5人的深化设计小组，初步形成开展深化设计工作的机制和平台。2009年到2014年，一局发展先后成立建筑设计院、机电设计工作室、钢结构工作室、工业化建筑工作室、BIM工作室，完成深化设计能力从项目能力向公司整体能力的转变，推动一局发展正式就位住房和城乡建设部新房屋建筑工程施工总承包特级资质和建筑行业甲级设计资质，标志一局发展手握高端建筑领域的准入之匙。2016年，一局发展集成设计院和各大工作室，正式组建成立设计中心，以传统设计、优化设计、深化设计和设计管理为业务着力点，整合钢结构、工业化、机电、岩土四大深化设计能力，先后获取建筑行业（建筑工程）甲级设计资质、工程勘察专业类岩土工程（设计）甲级资质、城乡规划编制单位乙级设计资质等多项设计资质，成为项目设计服务履约的"坚强后盾"，助力为客户量身定制建筑全生命周期一站式解决方案。

在信息化资源领域，2003年，一局发展在建立和架构信息化网络平台的基础上，正式启用"OA"办公系统；2005年，建立人力资源管理、合约管理、物资管理等系统；2008年，新增现场履约管理、安全管理、质量管理等网络办公平台，实现了办公自动化。数据的集成和共享，大大提升了对项目履约适时的信息支持，以及企业市场组织与决策的信息判断能力，最大限度服务于生产经营和企业管理，促进整体效率大幅度提高。信息化平台已经成为一局发展员工不可或缺的第二张办公桌，也为企业日后数字化转型奠定了基础。2011年，国家住建部牵头的以一局发展信息化管理系统为底本编制的国家建筑企业特级资质信息化标准首次发布。

第三阶段是高质量发展的新时代，在前述资源的基础上，又加入了数据资源的集中。随着数字化变革不断深入，数据日益成为当下重要的生产资源。一局发展高度重视企业数字化转型和变革，并将此视为企业实现下一个飞跃的重要机遇，具体行动包括推进数字化管理和数字化建造，以及在这两者基础之上的生产数据和经营数据一体化融合。

数字化管理是指企业通过信息技术融合应用，打通经营管理活动中的数据链条，对数据进行广泛收集、集成优化和价值挖掘，盘活企业数据要素资产，强化数据流和企业内部资源流、资金流的协同水平，激发数据在优化流程、驱动运营方面的作用，实现数据价值增值。同时，通过培育企业内部的数据资产，以数据驱动企业管理层决策，从而提升决策水平。

数字化建造则包括项目管理的数字化和建造过程的数字化。项目管理数字化依据对项目目标成本的全过程控制，实现业务与财务成本的完全打通，保证企业的财务数据能够反映项目的真实运营状况，从而支持项目管理和决策。建造过程的数字化是指通过建立建筑数据模型，实现建筑实体的数字化、要素对象的数字化、作业过程的数字化和管理决策的数字化，实现对建造全过程的实时感知、分析和优化。

在数字化管理和数字化建造的基础上，一局发展进一步实现经营管理数据和生产建造数据的打通，实现管理和生产的深度融合，建设高度数字化驱动的现代建筑企业。

人员激励

"人员激励"是指一局发展本着企业与员工，尤其是与作为项目管理核心的项目职业经理人之间的高度相互信任，根据企业的绩效考核原则及相关制度，对于项目的过程和结果进行全方位考核，严格落实激励。同时，企业员工尤其是项目职业经理人对企业满怀信任，相信自身的努力和成就一定能够获得来自企业的回报，进而在工作中对自身高标准严要求。

"人员激励"也是"法人管项目"背后的核心思想之一，这与"权责利一致"的基本理念密切相关。企业法人承担主体责任，并授权项目经理部对项目实施管理。项目经理部在其被授权的范围内承担履约责任，分享项目收益。这种项目收益由企业法人通过"高信用激励"的方式给予项目经理部。"高信用"是指这种激励的基础是企业法人和项目经理部之间的高度互信。"激励"的目的是督促项目经理部追求项目综合效益，即在完成公司要求的基本指标的基础上，主动创造超额效益，企业法人以超额效益为依据，对项目经理部实施激励。

"人员激励"既是让项目经理部依据"权责利一致"理念分享项目收益的制度设计，更是一局发展和项目核心担当体之间缔结的心理契约。"心理契约"的概念最早由克里斯·阿吉里斯（Chris Argyris）提出。他在《理解组织行为》一书中提出"心理工作契约"（Psychological Work Contract）概念来描述"员工与其领导者之间的关系，以及对这种含而未宣关系的理解"[1]。之后，哈里·莱文森（Harry Levinson）等人经过进一步的实证研究将"心理契约"定义为"未书面化的契约"（Unwritten Contract），主要描述未曾表述的、内在的组织和员工之间的相互期望的总和[2]。而柯特（Kotter JP.）则将"心理契约"界定为个体与组织间的一种内隐契约，它将双方关系中一方期望另一方付出的内容和得到的内容具体化[3]。上述观点均认为"心理契约"是双方（组

---

① Chris Argyris.1960.Understanding Organizational Behavior.London: Tavistock Publications, 17.

② Harry Levinson.1962.Men, Management and Mental Health.Cambridge, MA: Harvard University Press, 33.

③ Kotter JP.1973.The Psychological Contract.California Management Review, 15(3): 91-99.

织与员工）对于相互之间责任和义务的期望。

一局发展主要通过目标责任体系缔结企业和员工之间的"心理契约"。目标责任体系对项目责任目标加以细致规定，项目经理部负责刚性完成项目责任目标，在通过责任目标考核后，即可依据项目综合效益获得企业的激励。一局发展还主动通过各种制度创新，鼓励项目经营团队与企业共担风险，共分收益，将项目风险的压力化为项目经营的动力，使项目团队获得阳光下的收入。这些制度是对企业法人和项目职业经理人之间心理契约的具象化，将项目职业经理人与企业结合为命运共同体，深化"法人管项目"体制的内部纽带，确保这一体制的长期稳定。

合理授权

"合理授权"是指一局发展作为企业法人，依据建筑行业的形势变化和企业自身的发展要求，及时调整自身的授权对象和授权范围，以达到管控形式与企业规模相适应的目的[①]。一局发展的合理授权模式主要经历了四个阶段的变化。

图 2-3　合理授权模式的四个阶段

[①] 授权的"权"，指的是代表企业法人指导约束项目经理部开展项目管理的权力，这有别于项目经理部在法人授权下开展工程施工、完成项目履约的权力。前者的重心在管项目部，后者的重心在管工程。

第一阶段：项目组织模式（1985—1995年）

一局发展是中国建筑业项目法改革最早的实践者之一。自1985年起，一局发展即推行项目法施工，进行配套改革，建立了内部市场体系和内部价格体系；一局发展又对公司管控体系与组织结构进行大刀阔斧的改革，建立了以项目经理部为中心的项目生产组织模式。

第二阶段："强总部＋直管型"模式（1995—2004年）

20世纪90年代初，一局发展总结自身经验教训确立了"法人管项目"的管理模式。这一模式将经营决策权、资金控制权等十大权力收归总部，奠定了一局发展强总部的制度底色。

在这一阶段，由于工程项目数量相对有限，一局发展对项目经理部采取了"直管型"的管理模式，即取消项目管理的承包制，由总部直接管理项目经理部，监督项目经理部完成目标责任。

第三阶段："强总部＋集约型授权"模式（2005—2018年）

时间进入21世纪初，国内掀起工程建设热潮，一局发展也积极乘势扩大经营规模。为此，一局发展在保留"强总部"管理底色的前提下，追求管理质量与经营规模的有机结合。

在这一阶段，区域营销型分公司和高级项目总监是主要授权对象，一局发展以"集权有度、分权有序"为纲领，以"实事求是、对症下药"为原则，以企业管控制度建设为重点，以严谨、健全的逐级委托代理为主要方式，以细致、严格的企业内审为基本保障，对企业资源进行再配置再优化，形成了"强总部＋集约型授权"的法人管项目模式。

第四阶段："强总部＋制度型授权"模式（2018年至今）

2018年以后，一局发展开启了规模、品牌、效益协同的高质量发展之路，开始推动以区域分公司为代表的二级单位实体化进程。一局发展加速实现治理体系和治理能力现代化，系统优化"总部—二级单位—项目（含项目公司、项目部）"三级企业管理体系，在坚持法人管项目的基础上，塑强总部战略统筹和专业引领能力，锻造二级单位基础运营管理能力，强化项目部专业施工管理能力。

在这一阶段，企业法人的主要授权对象是二级单位。授权过程和授权范围有严格的制度化规定。总部、二级单位和项目经理部在制度框架内开展工作。一局发展围绕授权做出了更为制度化的设计，因此这一阶段的管理模式被称为"强总部＋制度型授权"模式。这一模式具有两个特征：第一，二级单位在项目基础运营管理方面的能力和总部保持一致；第二，授权与收权灵活结合。企业总部在项目基础运营管理方面对二级单位加强授权，同时企业总部保有关乎企业生存的战略决策和经营管控等权力，并以自身的专业能力对二级单位提供引领、做好服务。

以上就是一局发展"法人管项目"体制下授权模式的发展阶段。从中我们可以看出一局发展企业法人进行合理授权的三条基本原则：

第一，授权不能影响企业能力的一致性和服务品质的一致性，否则将造成项目管理品质的下降，违背"法人管项目"体制的初衷。

第二，对于授权过程和授权对象应当进行管理底线之上的严格管控，避免因授权造成项目管理失控。

第三，企业法人的授权对象和授权方式应当适应企业的经营规模，在不违背前两条原则的基础上，不断探索最佳的授权模式。

而在数字化转型不断推进的当下，数据资源成为关键性资源，总部数字化平台逐渐形成。企业总部拥有丰厚的数据资产和优异的数据决策能力，有利于更灵活和大胆地对于二级单位进行授权，这也为一局发展的合理授权提供了更大底气。

综上所述，一局发展关于"法人管项目"的核心指导思想体现为资源集中、人员激励和合理授权。其中资源集中是为了塑强企业法人能力，保证企业法人能够管好项目；人员激励是为了深化企业法人与项目核心担当体之间的联系，保证"法人管项目"体制的稳定性；合理授权是为了实现企业法人的管控手段与经营规模相适应，从而保证"法人管项目"这一组织纲领能够与时俱进、经久不衰。

3. 方法："二十四字方针"

前文阐述了一局发展"法人管项目"体制的理念与核心，一局发展对其进行贯彻落地的方法被概括为"二十四字方针"：总部服务控制、项目授权管理、专业施工保障、社会协力合作。

总部服务控制："平台型"总部

"总部服务控制"体现了一局发展企业总部的核心特征，即平台型总部。

企业总部具有不同的类型，它是由行业特征、企业发展历史和市场竞争要求共同塑造的。概括而言，企业总部可以分为五种类型：

一是战略型总部。该类型总部主要负责企业的战略规划，并督促各下属单位制定自己的业务规划，同时提出达成战略目标所需的资源预算。战略型总部的精力主要集中在综合平衡、总体协调、提高企业的综合效益上。

二是财务型总部。该类型总部主要负责企业的财务规划、资产运营和财务监督。总部每年给下属单位一定的财务目标并监督其完成目标，同时对下属单位的财务行为进行审计监督。

三是职能型总部。该类型总部主要负责处理企业日常经营中的常规管理动作，为下属单位提供审批、财务授信、资质申报、组织协调等服务，较少干涉下属单位的生产经营活动。

　　四是业务型总部。该类型总部拥有生产经营活动中的所有能力或大部分能力，并掌握生产经营所需的所有资源或大部分资源，能够对下属单位提供专业而细致的指导服务。

　　五是平台型总部。该类型总部在战略引领的基础上集成了为业务赋能所需的各项能力，能够对各下属单位进行全面的监督控制和服务支持，同时能够为全企业搭建通用的协同和沟通平台，以数据驱动提升企业的管理水平。

　　一局发展的企业总部是典型的平台型总部，它为项目提供的服务分为三种类型：系统服务、智力服务和管理服务。

　　系统服务是指为企业各部门及业务线搭建通用的协同工作和信息数据沟通系统以提升工作效率。一局发展的信息化建设至今已陆续覆盖了商务管理、资金管理、投资管理、海外项目管理、项目履约管理、人力资源管理、考核管理、审计管理、资产管理等业务板块，将公司"法人管项目"的先进管理理念贯彻其中，实现主营业务的全流程线上运行和审批，同时各系统间互联互通，总部与项目间互联互通，优化信息收集、加强数据共享，有效助力企业及项目部控风险、提效率、增收益、分权责、固管理。

　　智力服务是指将项目经营所需的智力资源集成在总部，对各项目进行支持和指导。这主要体现在设计和技术方面：一是对各项目的设计或技术等需求予以回应并解决；二是对设计或技术等领域的战略要求及实践难题进行研究，以研究成果赋能项目经营；三是对企业的智力资源加以总结、沉淀和推广，供项目经营借鉴和复用；四是对人才进行培育，并建立丰富的外部智力资源库，对企业的项目经营予以持续的智力支持。

　　管理服务是指总部各相关职能部门对重大或高难度项目予以提级管理，以自身的丰富经验对项目管理直接赋能，以提升项目管理水平，确保经营效果。

一局发展企业总部对项目的控制也包含三种类型：要素控制、过程控制和监督控制。

要素控制是指企业总部管控生产活动所需的关键要素，以确保总部对项目经营的控制。这在一局发展内部体现为企业总部对人、财、物等有形资源和智力、数据等无形资源的管控。

过程控制是指企业总部对生产活动中的标准、流程和目标做出规定，并依据规定对实际生产过程进行考核，确保生产全过程符合要求。这在一局发展内部主要体现为：与工程实体和经营品质相关的贯标体系认证、"精品工程生产线"、精细化经营体系和项目目标责任制等机制。

监督控制是指企业总部对项目生产活动中的各项指标进行全过程监督，并予以及时介入和纠偏。这在一局发展内部主要体现为审计、纪检、巡察、法务和安全监督等相关机制。

项目授权管理：项目是工程管理中心和生产成本中心

"项目授权管理"是指项目经理部作为工程核心担当体，对工程项目进行直接管理，在企业的制度框架下，对项目管理拥有一定的自由裁量权。

这一制度设计体现了深刻的市场化理念：

第一，尊重最接近客户的人。企业要以客户为中心，一切从客户需求出发。这反映在企业管理上，就是对企业中最接近客户的人予以充分尊重。一局发展坚持以项目作为工程管理中心，向与客户直接接触的项目经理部赋予制度框架内的便宜行事权，对客户的所思所想、所欲所求予以及时回应，避免企业生产经营活动与客户需求脱节，产生过度管理和无效管理，甚至导致管理部门官僚化。

第二，尊重客观的经营规律。项目生产成本是企业经营过程中最重要的可变成本，以项目为中心开展生产成本管理活动是实现企业创效、优化经营成果的直接路径。把项目作为生产成本中心的关键，一是坚持真实成本逻辑，即由项目承担项目上真实发生的生产成本，项目上发生的所有成本都被计入完全成本，不得以任何形式转嫁给总部或其他机构，从而保证项目成本的真实性以及项目收益的真实性，确保企业财务数据真实地反映企业的生产经营活动。二是基础管理逻辑。"法人管项目"体制下，项目经理部具有两方面职能：生产职能是面向客户保品质，经营职能是面向管理要效益。成本在项目上直接发生，由项目经理部来管理成本，才能保证管理链条最短。一局发展抓住这一基础管理逻辑，要求项目经理部以目标成本为刚性目标，在保证工程品质的前提下开展成本管理，同时通过项目目标责任制等制度设计，对项目经理部的成本管理进行正负向激励，确保企业经营长期向好。

专业施工保障：集成化、差异化、前沿化

"专业施工保障"，是指一局发展以自身的专业化能力为项目施工保驾护航，确保工程品质。具体包括三个要点：

第一，集成化。这包括项目层面的资源集成和企业层面的资源集成。项目层面资源集成的一个重要动作是"首次资源配置"。企业根据项目具体情况，为项目配置主要的管理资源，并审定技术资源和生产资源的配置。管理资源主要是指项目管理团队。技术资源主要是指重要施工方案。生产资源则包括资金、分包和物资设备等，企业会充分考虑履约能力与经济性，为项目选择劳务分包、专业分包、大型设备等主要生产资源。

在企业层面的资源集成则体现为内部专业部门和专业公司。内部专业部门包括技术质量中心、钢结构与建筑工业化部、机电事业部、

EPC 管理部 / 设计中心等。企业在专业部门沉淀了长期以来在建筑工程领域积累的经验、工艺和技术等，为项目施工提供专业化保障。同时，一局发展按照工程建设过程的工序界定要求设立专业公司，重点强化技术含量大、有技术优势的专业公司，用先进的技术装备和专业的技术队伍，使专业施工保障在前向、后向上延伸。比如一局发展旗下的全资子公司——北京中建华海测绘科技有限公司，就拥有在超高层建筑测量等领域的世界级技术能力和技术成果，能够提供具有自主知识产权的高质量建筑测绘技术服务。

第二，差异化。一局发展在与施工保障相关的能力积累方面，尤其注重工程总承包核心竞争力的积累。在这种思想的指导下，一局发展在测绘、试验、设计、钢结构、工业化、机电、岩土、BIM 等方面都形成了差异化优势，能够更好地赋能项目施工，用差异化竞争赢得市场。

以设计能力为例，2016 年，一局发展整合内部设计资源，成立设计中心，明确设计中心作为总部职能机构的管理定位，并确定设计中心的"一部两院"架构，成为中建集团首个集全专业设计与深化设计能力为一体的三级单位。"一部"即设计管理部，"两院"即建筑设计院和深化设计院。建筑设计院聚焦设计、设计咨询，为公司 EPC 项目提供设计能力支撑；深化设计院（包括机电设计工作室、钢结构工作室、岩土工作室、工业化建筑工作室、BIM 工作室）聚焦勘察设计、深化设计、优化设计等，发挥设计与施工之间的桥梁纽带作用。通过规划设计、建筑设计、专项设计、深化设计、设计咨询、设计管理六位一体有机联动，实现设计全链条管控，为建筑赋予更多魅力和可能。

第三，前沿化。一局发展不仅根据项目需求培育差异化的施工保障能力，还根据对于行业的前瞻性判断，做出引领性创新。例如，一局发展深耕北斗系统在建筑领域的应用，早在 2014 年就将自主研发的北斗高精度定位设备 CSCEC-HC-5（第一代超高层北斗高精度卫星定位接收机）及高精度算法应用在世界最高办公建筑——深圳平安金融中心项目，实现了 600 米高度平面精度达到 2 毫米，高程竖向精度达到 4 毫米。这是北斗系统首次在民用建筑领域的应用，帮助深圳平安金融中心成为载入全球摩天大楼史册的超高层建筑典范。此后，一局发展在对这一技术进行迭代的同时，进一步扩展北斗系统在建筑领域的应用，又首创了超长距离北斗高精度卫星定位接收机、北斗星地一体无网测量接收机和北斗时空智能终端等设备，实现了北斗系统在超长距离工程建设以及在沙漠、戈壁等无网络环境中的应用。一局发展通过北斗定位技术，真正做到了"经天纬地"，这集中反映了一局发展在施工保障能力的开发上具备前沿化和引领型特征。

社会协力合作：通过协力合作形成生态圈

一局发展通过全方位的社会协力合作，最终形成以公司总部及其控制下的项目经理部为核心的圈层协力合作群体。

协力合作群体以工程建设直接相关的各类施工保障力量为第一圈层，如各类劳务公司、专业施工保障公司等；以企业发展相关的外部支持力量为第二圈层，如高等院校、科研机构等；以产业发展相关的合作伙伴为第三圈层，如大型企业、金融机构等；以企业社会责任相关的组织机构为第四圈层，如政府、各类社会组织、人民团体等。

这四个圈层以工程建设为中心，呈现从中心向外围逐渐扩大的趋势。借用这四个圈层的社会力量，一局发展可以在工程建造业务中发挥公司的核心竞争力，同时在全社会范围内统筹资源配置，为项目提供全方位保障。以技术为例，一局发展为了推动建筑材料的减量化使用，联合清华大学研发大掺量矿物掺合料低碳混凝土，通过工业废弃物粉煤灰的高比例掺加，减少水泥用量，达到利废、减碳目的，同时显著降低水化温升。一局发展统筹各方资源，多方协力聚合产业链资源，促进地方产业升级，如在投资运营业务领域，一局发展协力地方政府同多元化产业资源开展合作，为城市建设提供产业招商、融资落地，开展产业运营，促进城市更新，使企业业务在产业链上游形成影响力。

综上所述，一局发展对于"法人管项目"体制的落地方法，可以概括为"总部服务控制、项目授权管理、专业施工保障、社会协力合作"的二十四字方针，这一方针将"法人管项目"体制的主要理念与核心思想落实到各管理细节，体现了一局发展对于客户要求的尽职尽责、对于工程品质的不懈追求、对于市场规律的高度尊重。

法人管项目，是一局发展最核心、最重要、最关键的组织纲领，也是一局发展能够成为中国建筑时代定义者的重要原因。这一纲领以"一归三一致"为基本理念，即主体责任归法人，保证服务品质一致，企业能力一致以及权责利一致；同时以资源集中、人员激励和合理授权为核心；最后以二十四字方针为方法，即"总部服务控制、项目授权管理、专业施工保障、社会协力合作"，开辟出一条中国建筑业的管理效能提升之路。

第二节　经营纲领：精细化经营体系

《道德经》中说："天下难事必作于易，天下大事必作于细。"现代企业竞争的重要一环是精细化经营能力的竞争。因此世界著名企业无不将精细化经营体系作为企业的核心能力加以重视。例如著名的丰田生产方式又被称为"精益生产"。

建筑企业的生产资源庞杂、供应链复杂、财务数据繁杂，同样需要提升精细化经营能力，这也是企业高质量发展要求的题中之义。一局发展作为中国建筑业内以优质和稳健著称的建筑企业，历来高度重视锻炼自身精细化经营能力。经过长期的积累，一局发展形成了完备的精细化经营体系：以"高价值创造，低成本运营"为理念，以"系统思维，以终为始"为核心，以"精细化经营五大体系"为落地方法。这五大体系包括：全面预算管理体系、合约规范化管理体系、生产资源供应链体系、完全成本核算体系以及全周期现金流管理体系。当然，一局发展在精细化经营方面的制度积累不止于这五大体系，在客户管理、成本优化、招标采购、资金管理和结算管理等方面都拥有细致全面的制度规定。本书主要对前述五大体系进行介绍，主要基于以下两点原因：

第一，这五大体系的相互配合，反映了一局发展在企业经营中的底层逻辑："项目是成本中心，企业是利润中心"。五大体系的核心目的是：在项目层面进行成本优化，提升项目的利润水平；保证项目成本是完全成本，项目利润是真实利润，且项目利润归属法人，由法人进行分配。

第二，这五大体系是一局发展在长期深耕工程总承包主业过程中发展出的具备自身鲜明特色的经营制度，它有效保证了一局发展的经营质量。

1. 理念：高价值创造，低成本运营

高价值和低成本并不是一组需要相互平衡的矛盾，而是精细化经营的一体两面。通过精细化经营，企业可以同步实现成本节约和价值提升。

美国苹果公司长期以"高价值创造"著称，客户愿意为苹果的产品支付高价，当然是因为苹果创造出了如艺术品一般的高价值电子产

品。但苹果公司容易被人忽视的一面是其出色的低成本运营能力，这一能力源于苹果公司高效的全球资源供应链配置。乔布斯亲自选定的接班人蒂姆·库克（Tim Cook）就是苹果公司降本增效的主要操盘手。1998年，库克即开始着手减少供应商数量、压缩产品库存、缩短生产周期，并且逐渐关闭苹果自营工厂，把苹果产品的生产制造全部外包到亚洲工厂，建立了面向全球的供应链体系，并由此获得了"成本杀手"的称号。2022年1月4日，苹果成为首家市值突破3万亿美元的公司，公司的营收也从2011年的1000亿美元左右，上升到2022年的3900亿美元左右。苹果公司的市值在短短10年间翻了10倍，这背后的主要原因就是，苹果公司早在20世纪末就已经开启了"高价值、低成本"之路，除了不断推出现象级产品，还在默默贯彻降本增效。

建筑企业和电子产品企业存在相似点：都需要将诸多复杂部件集成为产品。同时两者也存在很多差异：对于建筑企业而言，产品的差异化程度更大，生产流程更为复杂，资源配置更为繁杂。因此，建筑企业要想做到高价值和低成本兼备，就需要拥有更为强大的精细化经营能力。

一局发展将"高价值创造，低成本运营"作为精细化经营的关键理念，这里的高价值并不只是指对于公司自身而言的财务价值，也不限于为客户提供的产品和服务价值，它包括一个综合而立体的价值体系①。

2. 核心：系统思维，以终为始

系统思维是人类智慧的结晶，有着悠久的历史传统。清代陈澹然在《迁都建藩议》提出"不谋万世者，不足谋一时；不谋全局者，不

---

① 关于一局发展为客户创造的价值体系，可参见本书第五章。

足谋一域"，意思是如果不从长远的利益出发考虑问题，就不能筹划好一时之事；如果不从全局的角度来筹谋，就不能在某一领域取得成就。从现代哲学来看，系统论属于方法科学，主要用于认知和剖析事物的本质和联系。恩格斯指出，"当我们深思熟虑地考察自然界或人类历史或我们自己的精神活动的时候，首先呈现在我们眼前的，是一幅由种种联系和相互作用无穷无尽地交织起来的画面。"①总之，系统思维可以更好地把握体系中各要素之间的关系，使体系更具整体性。

"以终为始"是指在事情开始或规划蓝图的时候，以终局或目标作为参照物，关注如何实现终局、达到目标。美国著名管理学大师史蒂芬·柯维（Stephen R. Covey）认为所有的事物都经过两次的创造，第一次在大脑中创造，第二次在实际中行动。在大脑中创造需要以终为始的思维范式，在实际中行动更需要以终为始的思维范式，以确保行动和安排朝着目标的方向不发生偏移。

一局发展落实精细化经营的核心是系统思维和以终为始的有机结合。系统思维要求企业应当全盘审视经营要素和生产要素之间的关联性，并在制度设计中，从整体上把握和利用这种关联性，实现经营效率提升和经营成本节约。以终为始则要求企业应当为各项经营活动设置理想的目标，通过精准的过程控制，保证经营结果符合目标，从而实现良好的经营效果。

一局发展由全面预算管理体系、合约规范化管理体系、生产资源供应链体系、完全成本核算体系和全周期现金流管理体系五大体系相互配合形成的精细化经营体系在整体上体现了"系统思维，以终为始"这一核心思想。

---

① ［德］弗里德里希·恩格斯. 2015. 社会主义从空想到科学的发展. 北京：人民出版社，50.

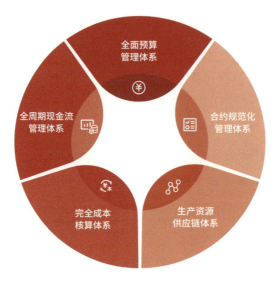

图 2-4　精细化经营体系

这五大体系通过对全员、全要素、全过程和全产业链的整体性把握，以预期经营结果倒推管理动作，再以管理动作优化保障经营结果。在企业层面实现业务与财务的同频共振，保证企业可以通过财务状况反映业务状况；在项目层面推进成本管理，并确保项目成本是真实成本。

全面预算管理体系是一局发展实现多业态、多专业和多地域业务统一管理的重要抓手。这一体系可以打破组织藩篱，从公司整体盘子入手，通过科学灵活地制定和调整各机构、各项目预算，确保公司整体预算刚性可控。每年年初，公司围绕经营目标编制整体预算目标，并对预算目标进行横向和纵向网格化分解，结合目标任务进行资源匹配，确保预算目标明确，经营过程有责任主体、有推进路径、有资源保障，实现企业整体协同。全面预算管理体系将业务问题反映到财务层面，根据财务状况推进业务的管理。

合约规范化管理体系规定经营成本必须以合约为依据。为此，一局发展建立起规范的标准合约文本管理制度，力求公司所有经营行为均被纳入合约体系。合约规范化管理体系拥有三方面功能：一是管控，通过"无合约不交易、无合约不用印"保证一切成本都在合约的基础上发生。二是分解，即将履约目标分解为标准化的合约目标，在具体合约中规定履约行为和项目内容，通过合约目标的达成实现履约目标的达成。三是规范，即以规范化的合约体系为媒介，保证所有实际发生的费用支出都可计入项目的完全成本。

一局发展根据生产资源市场的供需变化，与时俱进地变革生产资源供应方式，建立了生产资源供应链体系。这一体系的关键是从成本控制和品质管理的终点出发，对源头供应进行管理，根据社会发展不同阶段的现实情况选择建立了"对"的生产资源供应链体系，以供应链品质的提升助力工程品质。

一局发展的完全成本核算体系包含以下内容：一是建立完整统一的合约与资源界面，将项目成本按资源门类进行完全归类，确保不发生遗漏；二是将项目完全成本和公司管理费用清晰归类，分别计算，从而明确划分和完整计算项目与公司各自承担的各项费用。在项目层面，一局发展又将项目成本划分为包括标前成本、目标成本、计划成本、结算成本等，反映项目全生命周期和全要素的全部环节，塑造出项目成本的统一轮廓，并对各阶段进行及时核算和动态调整，确保项目整体成本可控。

最后，全周期现金流管理体系是在"现金为王"理念的基础上对公司各业务单元的资金状况进行统筹管理的体系。相比于成本或预算管理，现金流状况能够更直观地反映一个项目的经营质量。全周期现金流管理体系抓住现金流这一更为直接和关键的财务指标，根据合同条件和资源配置事先预测项目履约过程资金盈余变动，在项目建设过程中通过资金链状况判断项目的经营质量，从而对项目进行监督、预警和调整。

首先，这套制度设计是从整体上对经营过程进行把握，将预算、合约、供应链、成本、现金流等要素视为系统中相互影响的要素，利用要素间的联动进行精准调控。其次，这套制度设计还从经营质量提升的最终目标出发，对经营过程中的各个环节进行逆向塑造。可见，"系统思维，以终为始"的核心思想在一局发展精细化经营的五大体系中是一以贯之的。下一节我们还将对这五大体系进行更为详尽的论述。

3. 方法：精细化经营五大体系

对于建筑的使用者而言，建筑的魅力在于不确定性，每一座建筑都会有其自身的外形、结构，在建筑内部，每一层都可能有不同的装饰、布景。正因为有了这些不确定性，建筑的使用者才能移步换景，目不暇接。试想如果世上的建筑都千篇一律，那我们的城市该是何等

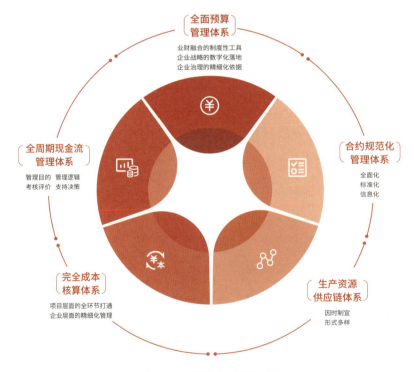

图 2-5　精细化经营体系

的乏味。然而对于建筑企业而言，生产和管理的难度也恰恰来自不确定性。一局发展的精细化经营五大体系，其实质就是将不确定性转化为确定性。

上一节已经带领读者初窥了精细化经营五大体系的轮廓。本节还将引领读者登堂入室，更加精细地对这五大体系加以探析。

全面预算管理体系

提起预算管理，人们一般会认为这是财务管理的重要环节。在一局发展，全面预算管理不断更新迭代，逐渐建立起一套符合自身发展的预算模型，将经营各环节串联，形成了集编制预算、制定目标、过程执行和年终考核于一体的纵横贯通的管理体系，持续发挥在企业管理中的引领作用。

第一，全面预算管理体系是业财融合的制度化体现。

业财融合即业务和财务融合，是指业务系统与财务系统收入成本等数据的无缝对接。业财融合是一局发展在企业治理上的重要特色，它经历了三个阶段：商务一体化，财商一体化和业财一体化。

商务一体化是指对项目的全生命周期进行标准动作拆解，再依据标准动作形成成本管理系统，对项目目标成本形成全过程控制。一局发展的商务管理将项目的全生命周期划分为"商务策划、目标成本、合约规划、偏差管理、竣工复盘"五个标准动作，保证对项目的全过程成本控制，进而着手解决商务和财务成本打通。商务成本数据与财务成本数据在对接中的主要障碍是：核算责任未打通，核算标准未统一。例如，项目中的间接费成本通过财务直接发生、记账，导致项目商务人员无法掌握准确的间接费成本，造成商务成本与财务成本的差异。一局发展对此的解决对策是：在信息系统中预设商务科目与财务科目的对应关系，确保所有的间接费成本都经由科目间的对应关系

"翻译"为商务成本，从而实现商务与财务成本的完全打通。在商务一体化和财商一体化相结合的基础之上，一局发展的财务数据能够真实全面地反映企业的业务经营情况，从而实现业财一体化。

全面预算管理体系是业财融合的制度性工具，是指一局发展在业财融合的基础上，主动运用财务数据去服务于业务管理。这一体系分为预算编制、预算执行和预算考核三个阶段。

在预算编制阶段，一局发展围绕"价值创造"这一核心，坚持"现金为王"这一理念，以建筑工程项目全生命周期为线索，通过全周期现金流量表，串联起公司各期的合约额、工期、产值、确权、收款、付款、收益等业财指标，季度滚动更新，年度重新调整，辅以指标引领值纠偏，科学预测各项指标年度预算缺口，锁定工作重点，确保各系统、各单位目标高度统一。

在预算执行阶段，一局发展致力于通过预算执行，使业务和财务问题同频共振。具体做法是构建跨系统大数据预算执行分析体系，并在此基础上落实两方面预算执行分析：一是监测主要指标预算，分析各责任体、各业务线相关指标完成情况，找准关键问题点，业财问题同步解决，确保指标完成。二是落实全面分析，推动全层级业财信息的全面对接，从各指标线、各业务线、各责任体分项开展预算执行偏差分析，找准偏差原因，制定纠偏举措，评估纠偏效果，总结管理经验，确保目标刚性完成。

在预算考核阶段，一局发展致力于通过预算考核来凝聚企业共识，统一战略方向，制定动态调整的指标评价体系和相应合理的绩效奖惩措施，以确保全面预算的贯彻落实，充分调动广大员工主动参与全面预算管理的积极性。在年初，根据年度工作重点调整指标体系和权重，确保公司战略方向的统一，同时兼顾各系统、各单位的个性特点，合理设定个性化指标。在年末，严格以预算完成情况为考核依据，刚性兑现各项绩效奖惩举措，及时反馈预算闭环管理结果。

第二，全面预算管理体系是企业战略执行的数字化落地。

一局发展的企业战略一般以五年规划的形式出现，每一年都要按照规划要求完成年度需推进的事项和指标。而全面预算管理体系就是对战略执行的数字化落地。这是因为全面预算管理体系将企业的战略目标分解为数字化的、可执行的具体目标，并按照战略要求分配给各相关部门，推进了相关部门执行情况的数字化留存，便于事后考核。同时，各部门根据数据化指标的调整、完成和考核情况，可以清晰地领会企业战略，凝聚战略共识。全面预算管理体系可以将企业战略从文字转化为数字，而数字无疑比文字更精准、更容易把握和执行。

第三，全面预算管理体系是企业治理的精细化依据。

全面预算管理为精细化经营分析提供了有力支持。通过将项目经营目标作为基准，全面预算管理可以追踪和分析各个过程中的经营偏差，帮助企业及时发现和纠正偏差，提高经营管控水平。同时，通过全面预算管理，企业可以实现对财务、业务数据的无缝对接，深入挖掘数据背后的行为价值，为企业决策提供更全面精准的支持。

合约规范化管理体系

一局发展逐步建立起规范化、系统化的高效低耗的合约管理制度，帮助公司建立合理合法合规受控的运营体系，规避合约执行中可能出现的各类问题及法律风险，确保公司所有经营行为均以合约为依据，降低成本受人为因素影响的可能性，切实提高成本精细化管控水平；同时，合约管理制度也提供了强有力的事前控制思路，通过合约一一对应确认各方责权利，从风险管理角度对工程全周期进行分析，加强合约履行跟踪，对合约风险进行预警控制。一局发展自主研发的合约管理系统能够支持快速查询和统计分析，为工程成本决策和管控提供有效支持。

合约规范化管理体系的核心是合约。经过长期的发展积累，一局发展当下的合约体系呈现出三个特征：

一是全面化。一局发展是最早在国内建筑行业中推行合约制度的企业，相比于同时期的建筑企业多以口头约定来明确彼此权利义务关系，一局发展严格以合约作为商业关系的依据，并全面覆盖生产经营中的各类细项。一局发展通过区分生产经营活动中的交易类型，划分出劳务分包类合约、物资采购租赁类合约、设计类合约等合约门类，并在每一个门类下又根据具体服务、物料等的区别再加以细化。比如在物资采购租赁类合约门类下，就囊括了建筑工程相关物资的几乎所有细项。

二是标准化。一局发展致力于建立明确的合约标准规范，通过规范合约以明确权利和义务，规范生产经营活动。推行合约文本体系（如工程清单、补充协议、结算书等）的标准化和动态更新，厘清不同类型合约双方权利义务，消除重复无效条款，降低法律诉讼风险，提升合约合规性、有效性和签订效率。

三是信息化。一局发展是国内建筑业中最早做到合约信息化的企业。公司致力于以信息化系统为支撑、以规范合约评审及提高效率为目标，以嵌入成本、资金管理为抓手，基本实现全类别合约的线上评审。同时，以规范的标准合约体系为基础创建标准合约文本对比模块，使得合约管理制度在公司管理中的各个方面畅行无阻，有效收紧对公司各机构和项目部各项支出的成本管控，平衡决策授权，适度保留决策权限，规范合约经营体系。

合约规范化管理体系提供了强有力的事前控制思路，通过合约确认签约各方的权责利，从风险管理的角度对工程全寿命周期进行分析，加强合约履行跟踪，对各种风险进行预警控制，快速查询和统计分析以支持工程决策，最终实现对成本的精细管控，从合约管理中实现企业利益的最大化。

生产资源供应链体系

生产资源供应链从源头上影响着建筑企业的成本控制。一局发展的生产资源供应链体系具有以下两点特征：

一是因时制宜。一局发展不断根据市场供需关系变化调整生产资源供应链体系的形式。在 20 世纪 90 年代，一局发展以各专业公司为资源供应来源，以解决市场上资源供应不足所带来的供需不平衡的问题，保障总部强大的服务和控制能力。运行模式是由项目提出对大宗材料、机械租赁的需求计划，由各专业公司按时提供。随着建筑业规模快速扩张，市场上各类资源供应量提升，且种类和品质可以满足各类建造需求。为应对市场变化，公司逐步合并、取消专业公司，借助专业市场，采取社会协力参与的形式，获取价格优势与质量保证。随着建筑行业进一步发展，建筑资源市场呈现供过于求、激烈竞争、高度细分的状态，面对复杂态势，一局发展以良好的口碑构建诚信稳定的资源供应链，建立起强强联合、优中选优的资源评价制度。具体措施包括：收集一局发展各级分供方资源信息，对其进行考察、准入、考核和评价；逐步建立起资源管理制度和标准，进而规范分供方的合同履约监督管理工作，完善科学高效的分供方资源考核机制和评价体系，实现供应链管理动态评估，搭建企业生产资源平台。

二是形式多样。一局发展对传统采购模式进行变革，对上游供应链进行各种形式的探索：如尝试归集设计单位资源，共享设计单位历史合作记录，实现技术创效；保持与 EPC 项目设计单位高层对话，延续长期合作，实现市场拓展；积累联合体设计单位资源，实现设计创效；与咨询公司建立良好的沟通机制，深度合作并总结提炼经验，复制推广合作模式；与政府平台合作，实现多方共赢。多种形式的探索助力一局发展实现产业链前后延伸，拓展合作盈利新模式，最终服务于工程全生命周期。

完全成本核算体系

"完全成本"是指包括常规建安费用、各类资产摊销、财务资金费用等在内的所有项目生产经营产生的费用总和。

完全成本核算体系体现了"法人管项目"中"项目是成本中心"这一定位。基于这一定位，一局发展在合约管理规范化和生产资源高度整合的基础上建立完整统一的合约和资源界面，实现按照实际履约过程中的合约及资源界面进行收入分解，并将支出与收入一一对应，以之作为项目履约盈亏分析的依据，从而保证了项目对于经营结果的预期是全面、真实、准确的。

完全成本核算体系在项目层面和公司层面各有以下关键点：

第一，项目层面的全环节打通。

在项目管理层面，通过统一项目全生命周期和全要素成本，打通标前成本、目标成本、计划成本、结算成本等项目全生命周期和全要素的成本管理所有环节，实现阶段成本的标准化管理，完善以标准合约及商务科目为基础创建的成本逻辑，提高成本管理的准确性。

第二，公司层面的精细化管理。

在公司管理层面，按标准合约分解后的目标成本可作为对分包分供招标、签约时的刚性管理要求，实现成本管理有据可依、量入为出，在目标成本清单配置的基础模型上，创建统一的成本逻辑。同时，完全成本核算体系帮助一局发展深入探索动态成本分析模式可行性，降低各区域项目成本管控能力的离散度。从完全成本核算入手，通过收入与支出的一一对应，企业可以精准控制项目成本，确保营业收入和利润更加准确，经营效果显著提升。

完全成本核算体系在保障做大利润蛋糕的同时切好蛋糕。在做大蛋糕方面，完全成本核算体系的建立促使项目在履约过程中压缩不必要的成本，进而强化项目责任担当体的成本管理责任概念，倒逼项目提升精细化管理水平和相同条件下的创效盈利能力。在切好蛋糕方面，总部通过项目成本划归项目，在保障公司利润和现金流归集的同时，进行公平合理的利润分配，促进项目盈利的积极性和主动性，形成项目盈利文化。完全成本核算模型使一局发展的项目盈利成为公司的真实盈利，这极大地提升了公司的利润水平。

全周期现金流管理体系

现金流是对企业经营现金流入流出的反映，一局发展坚持"现金为王"，以全周期现金流管理为抓手，将"合理筹划、预算控制、以收定支、收支平衡"作为基本工作原则，建立了具有企业自身特色的项目全周期现金流管理体系，这一体系具备以下要点：

第一，全周期现金流管理的根本目的是防范风险和确保经营质量。

企业需要对经营中的风险进行及时防范，而现金流状况具有即时性和可比性，能够成为防范风险的主要抓手。一局发展通过对项目现金流的预测和滚动调整，分析公司整体现金流与项目经营状况的匹配程度，可以发现项目运行过程中的风险和隐患，并及时予以处理和排除。如发现公司现金流指标与项目运行状况出现严重不匹配，项目资金与项目产值之间的比例严重低于合理区间，即预警项目回款状况存在问题，并追溯问题出现原因，予以介入和矫正。基于现金流状况的风险预警，可以推动项目的优化管理，保障项目的健康经营，从而保证经营成果达到预期目标，甚至高于预期目标。

第二，用资金运营状况模拟项目经营状况。

一局发展通过对项目全周期现金流的预测和滚动调整去模拟项目的经营状况。同时，基于项目经营状况的动态变化，更新现金流测算。这种更新背后有两种根源：一是在项目经营过程中发现前序的预测不准确，需要基于当前现金流实际状况，对未来作出新的预测；二是项目经营过程中出现问题，如工期延迟、过程确权缓慢、资金拖欠等，这些问题会反映在现金流层面，公司可以通过现金流状况把握这些问题，并予以及时介入，以从整体盘子上保证现金流的健康状态，确保经营目标完成。

第三，通过 360 度精准管控实现管理前置。

360 度精准管控是一局发展在项目全周期现金流管理层面的重要特色。所谓的"360 度"，一是指全覆盖，即现金流预算编制覆盖对象为公司所有项目，包括房建、基础设施、机电、投资和海外等全专业类型；二是指全业务，即管控主体包括企业的营销管理、项目管理、经营管控、财务管理等各个业务线，并实现业务数据的拉通和校验；三是指全流程，即管控阶段覆盖包括投标、履约、确权、收款在内的项目经营全流程；四是指全维度，即管控指标囊括投标风险、施工进度、过程确权率、最终结算及时性、催收清欠等经营活动中的各维度，最终保障资金回收。

同时，一局发展通过自主研发的信息化管理系统，实现数据横向拉通和相关业务数据的逻辑校验，从而保障管理过程中的信息对称，提升管理的精准度和效率。

第四，为精准考核和压力传递提供阶段性依据。

全周期现金流管理体系可以让企业获得项目经营过程中的动态数据，并根据各数据指标的完成情况确定责任主体和责任内容，发出阶段性的精准纠偏指令，并进行精准考核。精准纠偏和精准考核又可以保障企业对项目合理的压力传递，从而实现企业对项目的穿透式管理。

本节主要总结了一局发展的精细化经营体系，这个体系以"高价值创造，低成本运营"为关键理念，以"系统思维，以终为始"作为核心思想，以囊括五大体系在内的"精细化经营体系"为落地方法。这些经验当中蕴含了一局发展人对于建筑企业经营体系的独特思考与艰辛探索，从根本上推动了经营体系的精细化，从而实现了高价值与低成本的兼具。精细化经营体系打破了成本与价值表面上的矛盾关系，以更深层次的思考去把握二者的内在统一，塑造了一局发展的管理哲学。

第三节　生产纲领：用我们的承诺和智慧雕塑时代的艺术品

公元前 1 世纪，古罗马著名的军事工程师、建筑师维特鲁威，在他所著的《建筑十书》中提出了建筑三要素：实用、坚固、美观。这反映了当时对于建筑的认识：建筑不仅需要经久耐用，还应是蕴含丰富美学内涵的艺术品。这种认识在两千多年后的今天仍然不过时。一局发展根据时代需求和自身实践，确定了生产纲领："用我们的承诺和智慧雕塑时代的艺术品"。一局发展对于工程质量的态度，不仅是企业对于产品的态度，更是艺术家对于作品的态度，精雕细琢，止于至善。

凭借优秀的质量管理能力，一局发展屡获行业殊荣。2002 年，成为中国建筑行业首家获得全国质量管理奖的企业、中国首批就位施工总承包特级资质的 43 家企业中唯一一家非集团性质的企业；2012 年，成为中国首批获得住建部新房屋建筑工程施工总承包特级资质和建筑行业甲级设计资质的 23 家企业之一；2016 年，作为核心贡献单位，助力中建一局获得中国质量奖；截至 2022 年，累计荣获中国建设工程鲁班奖 30 项，国家优质工程奖 37 项，中国钢结构金奖 35 项，中国安装之星 17 项，各类省部级优质工程奖数千项，连续多年荣获"全国用户满意企业"称号。

本节将对一局发展的生产纲领展开全面的阐述，具体包括："质量为先"的理念、"过程精品"的核心要求以及以"精品工程生产线"为代表的落地方法。

1. 理念：质量为先

企业要生存和盈利，就必须坚持"质量为先"的理念，只有从始至终能够为客户提供质量满意的产品和服务，才能在激烈的竞争中立于不败之地。一局发展一贯重视质量管理工作，其质量管理经历了推行全面质量管理、建立质量管理体系以及质量管理升级三个发展阶段。

推行全面质量管理：20 世纪 80—90 年代初

改革开放之初，全中国都处于改革创新的氛围中，各行各业都在立章建制，一局发展也顺应时代潮流，开始了自身的改革探索，推行了全面质量管理。①

全面质量管理共包含三个层次：一是全面控制生产过程；二是全岗全员对产品质量负责；三是全员牢固树立"质量为先"的管理理念。

---

① 全面质量管理（Total Quality Control，TQC）是指一个组织以质量为中心，以全员参与为基础，以客户满意为目标，对企业生产经营的全过程进行管理。

第一，全面推行项目法施工，对生产过程进行全控制。具体而言，以工程项目为对象，以项目经理负责制为核心，对工程项目施工全过程的各生产要素进行动态管理，从而高效率实现工程项目的工期、质量、成本等预控目标。

第二，建立 QC（Quality Control）小组①制度并开展活动。通过开展 QC 小组活动，引导各工种工作人员合作寻求解决问题的有效方法，有利于各工种工作人员建立统一的质量管理意识。

第三，在企业内部开展全面质量管理培训。在对全员进行 TQC 知识系统教育的基础上，建立经常性的质量教育与质量分析等制度，不断增强各级领导干部和广大员工的质量意识。1988 年，公司为进一步增强质量管理意识，狠抓质量管理教育，特制定了《1988—1990 年 TQC 教育培训工作三年规划》，在企业内部全面普及全面质量管理观念，使"质量为先"成为全体员工的共识。

1991 年 7 月底，在国家质量管理奖评审讲评报告会上，时任一局发展总经理提出："质量是我们永恒的主题。"这是他作为一位企业领导的肺腑之言，"质量不好，愧对国人"，也是他的原话。这是一局发展对于时代的宣言，也是时代为一局发展写下的注脚。同年，一局发展荣获"国家质量管理奖"，这是我国质量管理的最高奖，全国施工企业获此殊荣者仅有 14 家。

建立质量管理体系：20 世纪 90 年代初—2009 年

90 年代，一局发展与外资合作承建的大型工程数量逐渐增多，在此过程中，学习了国外企业在工程质量管理方面的先进管理经验，质量管理体系得到进一步完善和加强。

①QC 小组是指员工围绕企业方针目标和现场存在问题，运用质量管理理论和方法，以改进质量、降低消耗、提高经济效益和人的素质为目的而组织起来的小组。

从90年代初开始，一局发展积极贯彻GB/T19000与ISO9000标准，进一步深化全面质量管理工作，并在行业内率先提出了"用我们的承诺和智慧雕塑时代的艺术品"质量方针。

"用我们的承诺和智慧雕塑时代的艺术品"——

"承诺"是指一局发展讲求诚信，说到做到。

"智慧"是指一局发展并不仅仅满足于客户合同及行业内基本要求，还要用对于建筑和建筑行业的深刻思考，为客户提供超乎想象的产品价值。

"雕塑时代的艺术品"是指一局发展要把建筑精雕细琢成艺术品，使建筑历经漫长岁月考验而历久弥新。

在1995年的"龙泉会议"上，一局发展提出了"转变经营机制，建立工程总承包体制，坚定不移走质量效益型发展道路"，确立了公司工程总承包体制的基本框架和"今天的质量是明天的市场，企业的信誉是无形的市场，用户的满意是永恒的市场"的市场理念。1998年，一局发展又将"百分之百的用户满意"作为企业理念，实施"用户满意工程"。这体现了一局发展此时已经将质量与市场相融相促，充分解读市场和客户需求，从用户满意度出发推动自身的质量管理，这在当时是一种先进观念。

作为这一观念的落地，一局发展于2000年推出了"精品工程生产线"。"精品工程生产线"是以"过程精品"思想为指导，为打造精品工程制定的标准化流程。同时，一局发展还致力于完成质量管理的体系化。1995年，一局发展通过ISO9001质量管理体系认证；2000年成为建筑业第二家通过ISO14001环境管理体系认证的企业；2001年，成为在建筑业内首家通过OHSAS18001职业健康安全管理体系的企业。以上又被合称为三大体系贯标认证，标志着一局发展的质量管理体系初步建立。2001年，一局发展又导入全国质量管理标准，进一步完善了质量管理体系。2002 年，一局发展成为建筑业内首家获得全国质量管理奖的企业。这是一局发展积极推进质量管理标准化的阶段性重大成果。

进入新世纪，一局发展的市场口碑日益提升，承担项目数量日益增多，项目类型也日趋多元化，质量管理的难度日趋提升。尽管如此，一局发展"质量为先"的理念从未改变。2009 年，一局发展结合国际管理体系标准，总结形成了全面覆盖公司近 600 项必控业务流程、400 项标准、1800 项记录的 17 本企业《管理标准手册》。依据这些手册，公司内部实现了各部门之间和各管理环节之间的信息对称，质量管理权责进一步明晰，质量管理体系进一步完善，实现了质量管理全面提升。这一年，一局发展被中国质量协会评为"全国推行全面质量管理 30 周年优秀企业"，这是国家和社会对于一局发展质量管理的褒奖。

质量管理升级：2009 年至今

历史进入新阶段，一局发展对于质量管理又产生了新认识，开始将质量管理从项目管理上升为企业管理，以质量为中心，进行流程设计与组织运转。

质量管理体系不仅是对于流程和标准的建立，更意味着对于企业组织行为的重塑。它要求企业组织以客户满意为导向，追求卓越的经营绩效，这被称为"卓越绩效模式"（Performance Excellence Model）。

2009 年，一局发展引入卓越绩效评价准则，并开始使用卓越绩效评价企业管理质量。2013 年，一局发展导入卓越绩效管理模式（2012），彻底将标准融入企业经营流程和战略制定过程。卓越绩效管理模式拓展了"质量"的概念，将工程实体质量这一"小质量"观念上升为企业经营管理质量这一"大质量"观念。在卓越绩效模式引导下，一局发展不断推进组织再造，以经营管理质量的提升从根本上带动建筑工程质量的提升，进入质量管理的崭新阶段。

2015年5月21日，一局发展荣获首届北京市人民政府质量管理奖，这是北京市人民政府在2014年设立的北京市质量领域最高奖项，同届获奖单位有联想（北京）有限公司、北京汽车集团有限公司、中国北京同仁堂（集团）有限责任公司和京东方科技集团股份有限公司。

一局发展追求"质量为先"的努力仍在持续，在这个过程中取得的成果，至今仍引领着中国建筑业的发展。如一局发展提出的"精品工程生产线"，目前进一步升级为"5.5精品工程生产线"，成为中建一局所有企业共同遵行的工程管理模式。

2. 核心："过程精品"

"过程精品"是一局发展用以指导生产过程的核心思想。本节将对"过程精品"的历史源头进行追溯，并深入剖析对它的当代理解。

"过程精品"的历史溯源

"过程精品"的思想诞生于20世纪90年代末。1999年1月12日，一局发展召开了创"过程精品"暨99质量大会。会上具体阐述了创"过程精品"的内涵：

第一，树立全员精品意识。从企业的决策层、管理层到项目经理部的施工管理人员都要增强"精品意识"。只有全员精品意识提高，才能创"过程精品"，才能在每个工作环节中高标准、严要求，一丝不苟、不折不扣地完成自身的工作。

第二，保证方案设计质量。施工组织设计、技术方案是指导施工的实施性文件，其质量直接影响工程质量。优秀的方案设计应符合"精品标准"，要兼顾质量、工期和成本。达到三个目标值的最佳结合点的方案设计就是最佳方案设计。同时方案设计要具有科学性和可操作性，要覆盖项目管理的各个环节，成为约束员工行为准则和考核依据，提升质量计划的约束力。

第三，实施过程控制的连续监控。高质量的方案设计、科学的工艺流程是创造精品的基本要求和先决条件，但只有实施从方案设计到工序施工的连续监控，才能将工程施工中发生的问题全部在过程中解决。将每一个施工过程都做成精品，也就保证了产品最终的质量精品。

第四，确保工序的"售后服务"。工序的"售后服务"就是上道工序为下道工序创造良好的条件，使下道工序能够按照既定的时间和步骤进行。在项目管理体制下，这种"售后服务"的范围要延伸到各分承包商，项目的质量管理更为精细、更为达效。

2000 年 11 月，《北京青年报》《中国财经报》《中国房地产报》就"过程精品"一词进行报道，报道中写道：一局发展在施工中采用"分级控制、分层管理"的管理方式，建立了从工程投标到竣工后、工程保修阶段的全过程质量管理与控制体系，以"过程精品"确保工程质量。2004 年，中国建筑将"过程精品"写进中建文化体系："中国建筑，服务跨越五洲；过程精品，质量重于泰山。"

"过程精品"的当代理解

一局发展能够在 1999 年就提出"过程精品"的质量管理思想，具有相当的历史超前性。这一思想至今仍在指导着一局发展的生产和管理实践，并对中国建筑业产生着巨大影响。当代的一局发展人，结合时代变化和创新实践，对于"过程精品"的思想又延伸出新的理解，表现在以下四个方面：

对过程控制的硬性追求；

对过程动态的弹性纠偏；

过程中基于精品目标的逆向管理；

过程中基于质量行为的正向管理。

"对过程控制的硬性追求"是指对生产过程中各个节点严格把关，严格考核，绝不放松，确保项目过程进展符合各项预期目标，保证对项目施工的事前管理。

"对过程动态的弹性纠偏"有两层含义：一是指在项目层面，通过项目的自我审查和公司对项目的监督指导，对项目过程进行实时追踪，及时发现偏离公司要求的问题，并及时整改；二是指在企业管理层面，通过建立内审和外审制度，对公司的质量管理体系加以审核，并对不适应形势变化的部分加以整改，以避免管理体系的滞后造成品质控制的下降。

"过程中基于精品目标的逆向管理"是指在项目开工之前就要设置满足客户对质量的期待、满足社会对质量期许、满足公司对质量的要求的精品目标。企业质量目标的建立为企业全体员工提供了质量方面的关注焦点，同时，质量目标可以帮助企业有目的地、合理地分配和利用资源，以达到策划的结果。一个有魅力的质量目标可以激发员工的工作热情，引导员工自发地努力，对提高产品质量、改进作业效果起到不可替代的作用。

成都金牛人才公寓项目就是这种逆向管理的典型案例。项目位于成都市金牛区，是集宜居、绿色、智慧互联、"海绵"小区、节能低碳等诸多特色为一体的精装品质住宅，是成渝双城经济圈人才引进的重点工程，于2022年荣获中国建筑工程鲁班奖。项目承包模式为"交钥匙"的EPC工程，由一局发展进行全周期的质量管理。一局发展中标成都金牛人才公寓项目后，制定了争创"鲁班奖"的高质量目标，并基于这一目标，对建设过程进行"逆向管理"。

在设计阶段，一局发展发挥 EPC 设计优势，从设计前端把控设计质量，应用正向设计技术，打破传统二维协作模式，各专业在三维环境下进行协同设计，实现设计方案的提前修正与优化。高质量的施工图纸确保了项目整体施工质量，提高了住宅质量一次成优率。项目的正向设计 BIM 应用成果获得省部级 BIM 奖项 4 项，为获得鲁班奖奠定了坚实基础。

在施工阶段，为提高住宅精装品质，一局发展针对住宅质量风险频发点编制了公司首本《精装房全过程管理手册》；创新采用"剪力墙模板免开孔施工技术""新型紧固件加固支撑技术""定制包管砖砌筑免开槽施工技术"等多项新技术，从源头减少质量风险；针对精装住宅质量管控离散度大的问题，积极开展 QC 活动，创新提出"工程技术质量合并，按户型分区管控"的质量管理手段，提升信息传达、问题解决的及时性。项目荣获国家级 QC 成果 3 项、省部级 QC 成果 7 项；在客户组织的专项检查中，连续 5 次排名第一。此外，项目依托中建一局项目管理平台，通过质量模块平台和现场检查，对质量管理行为和工程实体质量进行实时监控，确保工程质量一次成优。

成都金牛人才公寓项目的顺利交付实现了成都人民的和美安居，为成渝双城经济圈建设增添了浓墨重彩的一笔。这是一局发展从精品目标出发，对建造过程进行"逆向管理"的杰出成果。2023 年，住房与城乡建设部提出为人民群众建设"好房子"的发展目标，一局发展承建的成都金牛人才公寓项目正是"好房子"的生动体现。

"过程中基于质量行为的正向管理"，是指通过塑造产品制造过程中相关人员的质量行为，从源头上对工程品质进行正向管理。影响质量的因素是全流程的，但人永远是最重要的因素，操作者对质量的认识、技术熟练程度、身体状况等均影响最终的结果。人有什么样的质量行为，就会产生什么样的质量结果。这也是对质量行为强化正向管理的逻辑基础。

20 世纪 80 年代，一局发展通过率先承接外资项目，提升了企业员工的质量行为。1985 年，一局发展作为分承包商参与中国国际贸易中心一期工程建设，并在行业内率先引入外资总承包商的"样板引路"[①]管理，从结构阶段的混凝土垫层、钢筋绑扎、模板支设、混凝土成型效果，到二次结构的墙体砌筑、构造柱、水平过梁样板，再到装饰装修、机电安装，采用全过程样板先行的工作模式，提前识别了质量风险，并为施工人员做好示范。通过此类实践，一局发展在公司内部强化了全员、全过程的质量意识，塑造了全体员工"雕塑时代的艺术品"的质量行为，树立了一局发展过硬的质量口碑。

3. 方法：从"精品工程生产线""5.5 精品工程生产线"到"新时代精品工程生产线"

一局发展依据"过程精品"的核心思想，经过多年的实践和发展，首创了适应工程总承包发展的企业工程管理模式，即"精品工程生产线"。这一工程管理模式通过过程控制，降低建筑企业在进行多个工程同步建造之际的质量管理离散度。

精品工程生产线

"精品工程生产线"可以总结为五个步骤："目标管理、精品策划、过程控制、阶段考核、持续改进"。

[①]"样板引路"是指工程在开始大面积施工之前，先做出示范样板，即"质量样板"，以统一操作要求，明确质量目标。

图 2-6 精品工程生产线

目标管理： 目标管理是创精品工程活动的开端，一局发展坚持以终为始的思维，在项目投标之际即设置高标准，以高标准带动严要求，使项目团队在获标之时即以饱满的斗志和高度的自律投身项目施工过程，并获得充足的资源保障。

具体做法：在工程投标阶段，一局发展根据对客户工程质量目标承诺和工程具体特点，编制投标质量计划、创优质量保证措施、投标环境管理计划等；中标后，确定工程总体质量目标和各阶段目标，并围绕目标配备相应资源。目标管理既要充分考虑目标实现的难易程度，还要考虑工程造价、质量成本和社会影响。

精品策划： 精品策划是项目施工前的谋划阶段，一局发展坚持"谋定而后动"的理念，对项目施工全过程及全要素进行全面筹谋，不打无准备之仗。

具体做法：在项目开工之初，一局发展首先进行精品策划，建立完善的项目管理体系和相应的岗位责任制，编制一系列质量保证体系文件，如项目质量计划、创优计划、质量检验计划等，并与项目经理签订质量目标责任状，使项目一开始就纳入有序轨道。

过程控制：在项目施工过程中，一局发展坚持对过程的全程监控，并进行及时纠偏，保障项目顺利进行。

具体做法：一局发展对项目进行开工前质量体系培训，并成立过程质量考核小组，对工程进行季度考核、工程阶段考核、不定期抽检，考核的内容包括工程实体质量情况、分包队伍情况、质量体系运行情况、资料情况等，督促项目抓好质量工作。

阶段考核：一局发展紧抓项目施工过程中的关键节点，以考核的方式对项目给予反馈，督促项目团队沿着阶段性指标一步步走向创造精品的项目目标。

具体做法：阶段考核实行质量、成本、资金三否决制度，依据项目质量目标、成本指标、安全指标、项目创优计划、项目质量计划和质量责任制落实情况等，具体分为基础工程阶段、地上结构工程阶段和竣工阶段三部分考核。通过考核各阶段目标完成情况，对项目经理部和项目职业经理人进行绩效考核，考核结果与其收入挂钩。

持续改进：一局发展将项目作为经验来源，通过总结项目经验，积累企业知识资源，指导质量管理水平持续提升。

具体做法：一局发展及时总结各项目施工质量管理经验，对每一个创优工程管理经验、施工经验和优秀做法等进行及时总结，编制相关资料，形成经验积累。同时，一局发展每年组织项目进行各种交流活动，如：创优经验交流研讨会、项目内部观摩学习、外部创优项目观摩、质量管理体系运行经验交流会等，以持续改进带动质量管理水平持续提升。

5.5 精品工程生产线

一局发展质量管理制度和机制不断优化创新，质量管理模式不断成熟，率先提出了"精品工程生产线"工程管理模式，并通过"精品工程生产线"打造了数以千计的精品工程，得到业界普遍认可。在此之后，"精品工程生产线"进一步发展为中建一局"5.5 精品工程生产线"，并助力中建一局荣获中国政府质量最高荣誉——中国质量奖，成为中国建设领域首家荣获该奖的企业。

　　"5.5 精品工程生产线"是指依托 5 个资源管理平台生产建筑产品的 5 个质量管理步骤。5 个步骤即前文所述的"目标管理→精品策划→过程控制→阶段考核→持续改进"。5 个平台即"科技、人力资源、劳务、物资及安全平台"。5 个平台为质量管理 5 个步骤提供支撑和保障，确保"精品工程生产线"持续稳定运行。这是对"精品工程生产线"的延伸与创新。

图 2-7　5.5 精品工程生产线

科技资源平台以工程项目为单位，将所有科技资源与其相关工程项目进行关联，将众多繁杂的科技资源联系到一起，形成一个强大的带有明显建筑业特色的科技资源平台；人力资源管理平台以竞争、科学、开放、包容为目标，履行人才引进、人力资源激励管理、人力资源培养管理、人力资源基础业务、人力资源数据管理；劳务资源平台通过信息化系统建设，实现劳务分包企业和劳务分包队伍准入标准、准入清出流程、劳务实名制的信息化动态化管理；物资资源平台即"云筑网"平台。"云筑网"是国内专业建筑业垂直电子商务平台，致力于打造"互联网＋建筑"生态圈，努力开创建筑行业采购交易及管理的全新模式；安全管理平台包括安全生产制度保证体系、安全生产宣传教育培训体系和安全生产监督检查和隐患排查治理体系，目标是推进安全生产标准化和安全生产信息化。这五个平台保障了生产过程中人、财、物、智力资源、数据资源等生产要素的充分供给，提升了资源配置效率，从而使"精品工程生产线"如虎添翼，进一步提升了生产管理品质。

"5.5 精品工程生产线"的经典案例：北京亦庄云计算中心

北京亦庄云计算中心项目位于北京亦庄经济技术开发区，建筑面积 8.5 万平方米，主要由 IDC 机房组成，共设置 1.5 万架数据机柜，是一座国际领先、亚洲单体规模最大的数据中心，是中国电信国际出口能力为 1000G、全国流量调度能力为 T 级别的数据中心。这一工程荣获 2016—2017 年度中国建设工程鲁班奖，也是北京亦庄经济技术开发区首个鲁班奖工程。

目标管理：

北京亦庄云计算中心项目的目标管理细化为"两个阶段"：一是起步于工程投标阶段的高标准；二是贯穿于工程建设阶段的严要求。

在工程投标阶段，一局发展根据项目工程设计结构超长、复杂多变，机房管线量大，排布技术要求高等特点，针对性编制质量计划和创优方案，提前锁定质量管控重点目标，高标准开启工程建设。项目中标后，确定创建"鲁班奖"工程目标的总体质量目标，致力于"打造一座百年不过时的精品建筑"。在绿色节能的应用目标方面，工程采用空调热回收、自然冷却技术、冷蓄冷技术、雨水回收系统等绿色节能技术，对项目低碳建造能力提出更高要求，用承诺和智慧雕塑时代的艺术品。

精品策划：

一局发展在确定项目"鲁班奖"目标后，通过"大整体 小专项"法，将整体目标层层分解，由总部至项目多方协调，基于项目履约沙盘推演找出施工过程中的质量控制重点、难点，将宏大的目标定制成具体的专项方案，逐个落实。

一是整体策划。一局发展选配有创优经验、组织能力强、有责任感、技术过硬的管理人员组成能打硬仗的团队，设立以项目经理和项目总工程师为龙头，由各职能部门组织的项目质量保证体系，各司其职。同时，在项目经理部建立健全三级质量保证体系，通过明确分工、密切配合，形成一个自上而下、贯穿整个施工过程的组织管理体系，确保项目创优策划有效落地。二是专项突破。总结策划出现浇混凝土地面一次压光成型、屋面硬泡聚氨酯防水保温一体化施工、仿清水混凝土饰面施工、大体量管道安装施工、大体量的白色现制水磨石地面等技术亮点，制定施工过程的具体解决方案。为确保工程从施工到管理均得到有效的控制，项目部除了编制专项施工方案、技术交底以外，也为一线操作的工人编写更加容易理解的《标准化图集》，在结构质量及节点部位的关键环节点插入比工程图容易理解的插图和质量样板区的照片，方便一线工人现场实操学习，增强项目管理的整体性与受控性。

过程控制：

在整个施工过程中，一局发展以管理、技术"两位一体"为指引，确保工程质量。

在管理方面，充分体现和突出总承包管理地位和作用，制定切实可行的各项管理制度，并综合协调处理好与客户、监理、设计以及专业分包商之间的相互关系。通过样板引路、实测实量等多项质量管理制度，确保工程质量安全有序受控，施工中强化过程控制，一次成优。在技术方面，使用"互联网+"技术，通过云端数据平台，进行物料及现场质量管理，信息通过二维码扫描自动录入到数据平台，真正做到质量管控从脚手架转移到手指。此外，机电加工流水作业区是该工程的最大亮点，项目机电、技术人员以绿色施工思想为导向，精心设计、创新思维，将机电加工区变成"临时机电工厂"。材料从进场到半成品出厂，全部实现流水作业，整个加工车间卫生整洁、工序清晰，改善工人师傅的工作环境，提高工作效率，解决以往加工区域脏乱差的问题。

阶段考核：

一局发展坚持以"二次考核"为基础的动态纠偏，以精密有效的监督体系，指引项目建设的方向。

首先是公司的总体考核。项目每季度需接受由公司统一组织的"项目综合季度考核"，及时发现质量隐患。通过实测实量等方法，在每次过程质量检查中找出项目亮点和问题，促进项目自我提升和互助互补。其次是项目的自我考核。项目经理部编制《项目月度管理计划》，对各部门完成的计划进行内部考核，并按照质量、安全、技术资料、工期要求、文明施工、环境保护、机械维护等方面对分包进行考核。通过对土建、安装各专业分包进行月度分析，有针对性地提出质量整改措施，并在下个月施工中进行专项治理。

持续改进：

一局发展高度重视项目持续改进，通过内外部学习交流全面提升工程建设质量。一方面，积极邀请各方专家对项目进行指导，每年组织项目进行各种外部交流活动，促进质量管理能力提升。例如，在项目迎接创优检查的同时，组织其他项目到场参观，使各创优项目直观了解评优检查程序和重点，相互借鉴优秀、查找不足；同时，组织外部创优观摩，指导项目吸收行业先进做法与经验。另一方面，项目积极参与公司内部组织的各种交流活动，提高质量管理能力。

在北京亦庄云计算中心项目施工全过程中，"5.5 精品工程生产线"中的五个平台也发挥了重要作用：科技资源平台实现科技资源与工程项目关联，为项目施工提供技术保障；人力资源管理平台履行人才管理责任，为项目施工提供人力资源保障；劳务资源平台加强对劳务队伍的准入和管理，保证充足且高素质的劳务供应；物资资源平台引入全网生产资源供应信息，提升物资采购效率和效益；安全管理平台推进安全生产标准化和信息化，有力保障隐患排查和施工安全。

综上所述，一局发展通过五个生产步骤和五个平台支持，以"5.5精品工程生产线"为范式，打造出北京亦庄云计算中心项目这一精品工程，并成功摘得"鲁班奖"。除此以外，项目还荣获"北京市结构长城杯金质奖""北京市建筑长城杯金质奖""国家 AAA 级安全文明标准化工地""第四批全国建筑业绿色施工示范工程""2016 全国建设工程优秀项目管理成果一等奖""2016 年全国工程建设优秀 QC 小组活动成果奖"。卓越的成绩是一局发展遵循"5.5 精品工程生产线"的结果，更生动体现了一局发展实施全过程管控、追求高品质交付的指导理念和郑重承诺。

新时代精品工程生产线前瞻

一局发展对工程品质的追求永无止境，在新时代又开启了"精品工程生产线"的升级改造。"精品工程生产线"在本质上是通过生产管控来保障产品品质，一局发展最初是通过过程管控保障品质，即"目标管理、精品策划、过程控制、阶段考核、持续改进"五个阶段。而"5.5 精品工程生产线"则在过程管控的基础上加入了要素管控，即科技、人力资源、劳务、物资、安全五个平台。新时代精品工程生产线目前已经初具雏形，即在"5.5 精品工程生产线"基础之上，全面推进数字化转型，在过程管控维度实现全过程数字化协同，在要素管控维度实现全要素智能化升级，提升生产管理一体化水平，进而实现生产管理和企业经营的一体化。

图 2-8　新时代精品工程生产线

全过程数字化协同是指依托数字化设计平台、施工管理系统等新技术和新平台，实现覆盖生产线全过程的数字化管理。

目标管理：项目之初即运用物联网、点云、BIM、CIM 等技术建立建筑数据模型，将预定目标进行数据化拆解，从整体目标分解为数字化精细目标。

精品策划：根据建筑数据模型分析和推演，预判施工过程中的重点、难点和创优控制点，并在项目参与方之间共享，提升建造前准备的精细化水平，从人工分析优化为智能化方案配置。

过程控制：在智慧工地建设中结合物联网、传感器、AI 动态识别等技术，对施工现场全要素进行实时一体化管控和可视化展示，实时掌控人员工作状态和设备运行状态，及时发现质量、安全相关问题并予以及时整改，从现场管控升级为智慧化数字监测。

阶段考核：通过过程控制中的生产全要素实时一体化管控，细化阶段考核颗粒度。同时，使用物联网、5G、点云、BIM、CIM 等技术搭建数字孪生模型，实时跟踪生产数据及其变动趋势，并结合人工智能和大数据技术对项目状况进行分析诊断，实现更为及时和精准的考核，从静态化考核演变为动态化考核。

持续改进：复盘建筑数据模型全过程变化，通过数据分析找出待优化点并进行改进，从个别性改进完善为整体性提升。

全要素智能化升级是对指利用物联网、智能终端等新技术对人员、设备、物料、智力资源、资金等生产要素进行全面智能化管理。

人员：借助物联网无线定位、AI 动态识别等技术，实现对施工现场人员的智能调度。

设备：运用机器人自动化工具和物联网等技术，实现施工自动化水平提升和实时数据分析优化。

物料：通过物联网传感器等技术，将施工现场物料转化为工程数据，并结合建筑数据模型进行数据分析和优化，实现施工现场物料的数字化感知和精细化管理。

智力资源：基于云计算、大数据、物联网、人工智能、5G、BIM、CIM 等技术搭建协同平台，采用标准化模型数据为中心的协同方式，实现多专业智力资源深度协同。

资金：运用人工智能和大数据技术，对生产过程成本发生进行更为实时化的洞察与数据收集，实现智能化成本控制。

综上所述，新时代精品工程生产线的本质在于：对过程和要素管控进行数字化转型，实现生产全过程和全要素的可感知、可分析、可优化，进而将生产数据和经营数据联结为一体化的数据链条，实现生产和经营的深度融合，并推动数据资产的培育和沉淀，不断提升企业的数字化治理水平。

第四节　升级纲领：向世界一流迈进

从一支在白山黑水中艰苦奋斗的工程队成长为现代化的建筑企业，一局发展实现了产业布局的多元化和业务布局的国际化，并朝着成为世界一流企业的目标昂扬奋进。这得益于一局发展坚持主动转型升级，并将企业转型升级的方法论确立为自身的升级纲领。这个升级纲领以"深耕产业，同轴扩散"为主要理念，以"战略规划和动态能力相结合"为核心思想，以"能力的吸收与整合"为落地方法，是引领一局发展持续前行的有力保证。

1. 理念：深耕产业，同轴扩散

一局发展的升级理念可以归纳为"深耕产业，同轴扩散"。"深耕产业"是指以工程总承包主业为基点，主动向产业链上下游延伸。"同轴扩散"是指企业以现有能力（技术、经验及资源等）为轴心，在业务范围上进行多元化布局，在空间范围上进行国际化布局。

图 2-9　一局发展的升级理念

一局发展选择这样的升级理念主要有两方面原因：

首先是服务国家战略和人民生产生活的需要。新时代新征程，国有企业要聚焦增强国有经济主导和战略支撑作用，坚定当好经济增长的顶梁柱、产业发展的领头羊、共同富裕的支撑者。因此，一局发展一方面立足工程总承包主业，坚守在国民经济中的分工，以承担国有企业的使命。另一方面，一局发展也积极开展多元化和国际化布局，提升企业能力，以更好地服务于国家战略发展大局，服务于人民对美好生活的向往。

其次，一局发展自身的战略选择需要。一局发展既有的经验、知识、技能和口碑都源自工程总承包施工经验的积累和沉淀。可以说，工程总承包是一局发展的根基，也是压舱石。根基动摇，则基础不稳；抛弃压舱石，则难免要在风浪中颠覆。所以一局发展选择坚守工程总承包主业，深耕产业链，并以此为轴，进行多元化产业布局和国际化布局。历史和经验证明，这是最适合自身的发展路径和战略选择。

深耕产业

"深耕产业"的发展理念，在一局发展内部体现为对工程总承包[①]业务的深耕。

一局发展不断强化现有设计、采购、施工领域先天优势，以设计管理为龙头，以进度、质量、安全管理为主线，以成本管理为核心，以技术集成为支撑，融合优势力量，实现设计、采购、施工一体化管理经验积累，建立符合公司实际的工程总承包业务管理体系和管理机制，形成"设计、深化设计—采购—施工—试运行"的工程总承包模式，打造工程总承包第一品牌。

一局发展在工程总承包领域的特点主要体现在：钢结构、工业化、机电、岩土四大深化设计和全专业设计服务能力，为工程总承包业务提供设计支撑；遍布全球的优质资源保障，为工程总承包业务提供高效和高质量采购；规范高效且过硬的建造能力，为工程总承包业务提供扎实落地的可能；精确与人性化的调适和运维服务，为工程总承包业务提供可靠的运行保障。一站式"交钥匙"服务能力显著，真正实现客户"拎包入住"。

一局发展凭借工程总承包优势，不断向产业链上下游延伸，做强做优产业链生态，助力公司可持续发展。

---

① 工程总承包，是指承包商受业主委托，按照合同约定对工程项目的勘察、设计、采购、施工、试运行等实行全过程或若干阶段的承包。即按照合同要求，承包商对工程的设计阶段、采购阶段、施工阶段以及试运行阶段全过程实施管理，最终向客户提交一个满足使用功能、具备使用条件、达到竣工验收标准、符合合同要求的工程项目，并对工程的进度、质量、费用和安全负全部责任。

同轴扩散

同轴扩散是指企业以既有能力为轴心，进行多元化布局和国际化布局。在一局发展，前者主要体现为投资运营业务、基础设施业务（含环境治理业务）以及以"双碳"、智慧建造和建筑工业化为代表的创新业务。后者主要体现为将公司能力向海外等新市场输出。

投资运营业务：一局发展发挥资本优势，整合盘活既有资产，激活外部资源，实现投资运营业务与既有业务的有效协同。在地产开发领域，持续深耕商品住宅和政策性住房项目，形成成熟的房地产开发管理模式，实现产品体系的积累和打磨，逐步打造房地产开发业务核心竞争力；在投融资建造领域，实现在新型基础设施建设、新型城镇化建设以及交通、水利等重大工程建设领域的高效切入，逐步形成并强化产业链竞争优势；在城市更新领域，积极布局产业导入和城市运营服务，做城市发展合伙人。

基础设施业务（含环境治理业务）：一局发展依托现有项目，不断积累和强化轨道交通、公路工程、市政工程、综合管廊、机场等领域的经验和能力，实现既有领域从有到强的转变。同时选择战略性跟踪新基建、新能源、水利等领域拓展业务类型，实现基础设施业务的整体布局完善和能力提升。一局发展还注重布局与建筑行业生态相关的前沿技术，积极拓展强化以水环境治理、土壤治理、园林绿化等为代表的环境治理业务，持续探索固废、危废、污泥处置、绿色建材、建筑垃圾循环利用等新兴领域，关注并开拓业务新领域，强化企业行业引领能力。

以"双碳"、智慧建造和建筑工业化为代表的创新业务：一局发展持续关注行业发展新动向和新机遇，加大战略规划的前瞻性，洞察行业发展趋势，示范性推广绿色化、工业化、信息化等先进建造方式。

以"双碳"业务为例。2023 年 1 月，一局发展低能耗技术创新工作室正式揭牌成立。通过发挥现有高端机电领域的低能耗运维技术，加快构建系统化的能耗监测体系，制定低能耗技术应用标准，建立科学高效的低能耗建筑策略实施体系，面向公司、用户需求，不断提供多样化、个性化策略支撑，推动低能耗技术与工程建造深度融合，切实降低建筑用能，促进绿色低碳理念与建筑融为一体。

除了产业多元化，一局发展还主动进军国际市场，积极传递中国建造技术和中国建设方案。在业务布局方面，聚焦深耕俄罗斯、埃及等市场，稳健开拓沙特、伊拉克及东南亚等机会市场。

一局发展在海外成就了诸多亮点之作。在需要克服百年来极低气温施工的俄罗斯，一局发展承建的莫斯科中国贸易中心（华铭园）项目集商务办公、公寓式酒店、休闲娱乐、五星级酒店于一体，建筑面积约 12 万平方米。2017 年，该工程从 200 多家单位的 1000 多个项目中脱颖而出，荣获莫斯科市建筑业最高奖项——莫斯科优质样板工程奖第一名，这是中国企业第一次获此殊荣。2021 年，该工程成功入选中国国际服务贸易交易会全球服务示范案例。2022 年，工程再次代表中国企业荣获俄罗斯建筑界最高奖项"俄联邦最佳竣工工程奖"及境外工程鲁班奖。

在文明古国埃及，一局发展承建了埃及新行政首都 CBD 项目 P4 标段，建设内容包括两栋高度 150 米的高档办公楼，总建筑面积达 18 万平方米。因两栋办公楼及其连廊形状酷似一座大门，故又被称为"中埃友谊之门"，成为中国与埃及两大文明古国之间友好往来的见证。

在被誉为"加勒比海明珠"的海岛国家巴哈马，一局发展在其首都拿骚建立了西半球规模最大的度假村开发项目——巴哈马大型海岛度假村项目。这是加勒比地区乃至全球最宏伟壮观最动人心魄的顶级海岛度假村，也是中国建筑海外承建的最大单体工程，荣获境外工程鲁班奖。

综上所述，一局发展秉持"深耕产业，同轴扩散"的发展理念，确立自身的企业升级规划。这一规划背后有着深刻的战略思考：工程总承包业务是公司的经营根基，无工程总承包则根基不稳；投资运营业务是公司的效益支撑，无投资则效益不高；基础设施业务是公司的规模支柱，无基础则规模不强；创新业务是公司的发展机遇，无创新则发展不优；国际化是公司的长期战略，无国际化则公司不能实现"世界一流企业"的发展目标。

2. 核心：战略规划与动态能力相结合

一家企业应当如何实现升级？对此学界有不少观点和理论，其中，有两种主流的观点。

战略规划理论

迈克尔·波特（Michael E. Porter）认为，企业能力升级的第一步是树立明确的战略目标和方向。企业需要根据自身的资源和能力，以及外部环境的变化，制定出适合自己的战略，例如降低成本的成本领先战略，创造独特产品的差异化战略，以及专注于特定市场领域的集中战略。在确定战略以后，企业需要进行组织和管理的改革、技术和知识的引进以及人才和团队的培养和激励，推动技术创新和管理创新，不断提高企业的核心竞争力。波特的理论主要强调企业能力升级中前期战略制定和执行的重要性，提醒企业需要首先洞察自身，战略先行，再将自身资源和能力与所选择的战略相匹配，实现竞争能力的提升。

动态能力理论

动态能力理论由大卫·蒂斯（David J. Teece）于1994年首次提出。他认为企业能力升级是一个动态过程，需要企业不断地学习、创新和改变，这不仅包括技术的升级，还包括管理能力、组织能力、市场能力等多方面的提升，以适应和塑造环境的变化。这要求企业具有强大的学习能力和创新能力。学习能力是企业获取新知识和技能的能力，创新能力是企业将新知识和技能转化为产品、服务和流程的能力。这两种能力是企业能力升级的关键，也是企业获得竞争优势的关键。此外，企业还需要具有强大的组织能力和市场能力。组织能力是企业协调和整合内部资源的能力，市场能力是企业理解和满足市场需求的能力。这两种能力可以帮助企业更好地实施战略，更有效地抓住市场机遇。总之，动态能力理论强调企业在面对快速变化的环境时，需要通过吸收、整合和重构资源，以适应和塑造环境变化。

一局发展的战略规划与动态能力

纵观一局发展的企业升级之路，就是将战略规划与动态能力完美结合的写照。

图 2-10　战略规划与动态能力相结合

一局发展是个善于制定战略并规划自身发展方向的企业。公司"十四五"战略目标包括但不限于：打造"工程总承包第一品牌，高质量发展行业典范"。下文将以工程总承包（EPC）业务为例，讲述一局发展是怎样将战略规划与动态能力完美结合的。

2016 年 6 月，住房和城乡建设部发布《关于进一步推进工程总承包发展的若干意见》，提出优先采用工程总承包模式，加强工程总承包人才队伍建设。2017 年 2 月 24 日，国务院办公厅印发《关于促进建筑业持续健康发展的意见》，要求加快推行工程总承包。2018 年 1 月 1 日起，《建设项目工程总承包管理规范》正式实施，国家和行业政策逐步引导施工企业向工程总承包企业转型。

具有敏锐市场嗅觉和战略规划能力的一局发展，对于工程总承包业务的探索甚至要早于国家对于建筑企业的战略引导。1994—1998 年，一局发展承建中国工商银行总部项目，依靠自有设计所完成深化设计等整体工程，迈出探索工程总承包模式的第一步；1995 年，一局发展明确提出建立工程总承包体制；同期，在"十五"战略规划中提出"具有国际先进水平的工程总承包核心竞争能力"的企业长期愿景，这是一局发展首次在规划中提出"工程总承包"这一概念。

战略目标为企业发展指明方向，但实现这一目标还需要动态地整合资源、获取新的技术支撑和管理方式。一局发展在"十一五"战略规划中提出："合理经营布局、优化产品结构，建设工程总承包核心能力"。虽然当时的国内市场还没有做好准备，但一局发展已经着眼未来，以工程总承包能力为要求，对企业管理重塑，并推行具体举措，如建立内容涵盖公司管理以及项目履约、商务管理、技术管理等的工程总承包管理标准体系，同时，公司在原有设计所基础之上成立设计院，实现深化设计能力的提升和跨越。

在完成一系列制度建设后，一局发展积极开展企业工程总承包能力提升建设。在"十二五"战略规划中提出"以总承包管理模式为坐标，塑强核心能力"，通过丰富产业结构和集中公司深化设计能力，进一步塑强工程总承包管理核心能力。在产业结构上，通过投资建造业务中的全产业链管理和海外业务的 EPC 承包模式实践，锻炼打造企业的采购和设计能力。在设计能力上，一局发展在原设计院基础上，陆续成立机电设计工作室、钢结构工作室、工业化建筑工作室、BIM 工作室、岩土工作室等，培养专业设计团队，形成设计和深化设计的能力优势。

经过自有体系建设和项目实践积累，一局发展在工程总承包领域积累了出色的能力与口碑。此后，一局发展在"十三五"战略规划中明确提出"房建工程总承包第一品牌、优秀建筑产品综合服务商"的企业愿景，聚焦设计业务，重新整合设计资源，成立设计中心，将建筑设计院、装饰设计研发院、机电设计工作室、钢结构工作室、岩土工作室、工业化建筑工作室等单位精干力量纳入同一个管理体系，在设计业务层面实现从整体设计、专业设计到深化设计的全面覆盖，在企业层面实现投资、设计、施工全产业链条的贯通，为打造工程总承包核心竞争力提供组织保障。

"十三五"末，一局发展已经拥有健全的工程总承包管理制度，在体系架构、报建流程、设计管理、招采管理、建造实施、风险控制等各个方面对工程总承包管理要素做出明确规定，进一步提升工程总承包管理水平。

凭借数十年探索和建设实践，一局发展在工程总承包领域树立行业领先地位，形成以下优势：一是设计中心作为设计业务的核心机构，包含设计管理部、建筑设计院、深化设计院三大业务板块，提供全专业设计、优化/深化设计、设计管理服务。二是经过同各类资源平台几十年的合作、评价、考核、淘汰，公司已形成关系稳定、彼此默契的协力资源体系，具有强大的资源整合能力并向海外延伸。三是施工管理水平过硬，聚焦新时代精品工程生产线，实现管理资源、技术资源、生产资源的数字化集成，可同步打造数百个高质量精品工程，具有优质的履约管理水平。四是设有专业的调试工作室和运维服务团队，具有专业的调试与试运行服务能力。

一局发展的工程总承包业务发展之路是将战略规划与动态能力相结合的经典案例。首先，一局发展善于感知外部环境变化，能够根据自身的资源和能力制定适合自身的战略方向；其次，一局发展还能够抓住机会进行资源整合，结合具体实际不断接近并最终达到这一战略目标，实现公司整体能力的提升，保持自身的竞争优势。

对于一局发展的企业升级而言，工程总承包业务只是冰山一角，通过将战略规划与动态能力相结合，一局发展在基础设施业务、投资运营业务和创新业务当中同样拥有精彩的表现。

3. 方法：能力的吸收与整合

前文讲述了一局发展在企业升级方面的核心思想，对于企业升级的落地方法，一局发展也有独特认知：企业升级在表面上看是业务的升级，其实质是能力的升级；企业能力升级，并不是平地起飞，而是以现有能力为抓手，主动引入新能力并加以整合，实现真正融入企业自身机体的能力升级；企业对新能力的吸收和整合带来三种升级形式，分别是主业升级、多元升级和产业升级。

主业升级是指在主营业务能力中吸收新能力，进一步丰富主营业务能力。多元升级是指通过自身核心能力与新业务能力的整合，形成有自身特色的新业务能力。产业升级是指全面整合主营业务和新业务的多方面能力，实现产业链的地位升级。

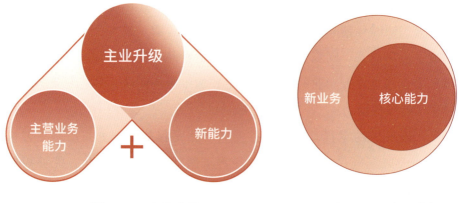

图 2-11　主业升级　　　　　　　　图 2-12　多元升级

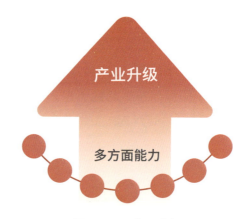

图 2-13　产业升级

主业升级

一局发展的国际化业务是主业升级的典型案例。国际化业务的本质是将主营业务能力投射到海外新市场，从国内工程总承包升级为国际工程总承包。一局发展在投射主营能力的同时，还在新市场吸收当地的新能力，丰富主业能力的内涵，实现主业能力的升级。

伊拉克纳西里耶国际机场 EPC 项目就是这种路径的集中体现。该地区一年中大部分时间处于高温、暴晒环境，夏季最高气温超过 50 摄氏度，持续的极端高温天气对混凝土质量提出了极高的要求。一局发展项目团队按照当地法律法规和建筑标准要求，引入先进管理能力，建立从原材准备到最终浇筑养护的全流程温控措施，对今后高温极热区域混凝土施工具有借鉴性及示范作用。

融入属地文化是推动工程建设重要的软性能力，也是一局发展在当地吸收的重要能力。伊拉克是一个具有浓厚伊斯兰传统的国家，伊拉克人具有很强的民族自尊心和文化自豪感。一局发展项目负责人在充分尊重文化习俗的基础上，在伊斯兰开斋节和我国中秋节等传统节日举办相关活动，与当地人共同庆祝，品尝传统美食，建立和睦融洽的关系，保障项目的顺利施工。

此外，一局发展海外团队还结合国内外管理经验，不断培育供应链管理能力，搭建国际国内相互补充的供应链体系，发挥全专业全流程管理优势，形成了包含计划、采购、制造、交付、售后等全周期国际供应链的管理体系，并在项目推进中不断优化迭代，以适应国际化项目管理要求。

通过各种能力的吸收和整合，一局发展进一步做强主营业务，逐渐成长为具有国际工程总承包能力的国际化建筑企业。这就是一局发展的主业升级之路。

多元升级

一局发展对于基础设施业务的布局是多元升级的典型案例。一局发展的主营业务是工程总承包业务，特别在高端房建领域优势明显。同时，一局发展在基础设施业务领域也拥有自己的特色：将自身的精细化管理能力注入基础设施业务，培育以精细化为特色的基础设施业务能力，实现弯道超车。这体现了一局发展在多元升级领域的方法论：将自身现有核心能力注入新业务并进行能力整合，从而获得具有自身特色和优势的新业务能力。

一局发展对工程的精细化管理包括：通过企业法人的管控和服务严抓质量细节，并提供充足的生产要素供应，确保细节落实到位；通过"新时代精品工程生产线"将管理落实到工程建设的每一个环节，以"过程精品"确保"结果精品"。新时代，一局发展的精细化管理融入了智慧建造手段。

这种精细化管理能力是一局发展在房建领域积累的能力，但同样适用于基础设施领域。

南通绕城高速新联枢纽改扩建项目是交通部、中建集团首批"交通强国"试点项目，在保障 G15 沈海高速和 S19 通锡高速各方向交通正常通行的同时，要完成原有高速公路的扩宽改造，涉及新建主线桥及 9 条匝道、拆除原有 5 条匝道、新建地方道路跨线桥并拆除旧桥等。该工程施工内容多、施工组织难度大、交通导改压力大、安全管控风险高、高速属地管理接口多、多专业交叉施工繁复、是目前中建集团在施的最复杂的枢纽改扩建工程。项目人员将精细化的管理理念融入项目建设，提出 BIM（建筑信息模型）+GIS（地理信息系统）+IOT（物联网）+UAV（无人机）等技术的智慧建造解决方案，应用数字孪生 + 无人机的核心技术，解决了这一难题。

首先，利用能够自动值守的智能无人机巢动态采集既有结构数据，基于 BIM 技术建立完整的新建及既有立交桥梁、周边环境、施工装备等 BIM 模型，将 UAV、BIM、GIS 等数据进行智能融合形成动态三维实景模型。其次，基于动态更新的三维实景模型，将复杂抽象的交通导改方案进行立体、简单、透明、与实际施工紧密联系的仿真模拟，并据此进行交通疏导策划及优化；将三维实景数据与 BIM 进度计划数据进行比对，清晰展示构件级的实时进度，指导生产资源的快速调配，及时掌握现场施工动态。最终，通过高速公路智慧建造技术协助管理人员优化交通导改方案、合理部署生产资源、快速消除安全隐患、节省巡检时间，显著提升管理效率，真正做到了运筹帷幄于千里之外。

该技术是全国首次在大型复杂立交枢纽改扩建工程中的应用，不仅为高速公路智慧化协同管理提供了具体的实施路径，而且所形成的三维数据资产能够为后期高速公路智慧化管养提供新思路。

这些成就取得的背后体现了一局发展的多元升级思路：以自身现有核心能力为抓手，结合新业务发展要求，将两者融合为具有自身特色的新业务能力，从而在新业务领域形成比较优势。

产业升级

一局发展的投资运营业务是产业升级路径的典型案例。在工程总承包业务的整个链条中，投资运营业务属于产业上游。一局发展通过投资运营业务，使自身成为资源整合的主体，吸收了多方面的能力，如基于对建筑行业深刻理解的地产投资能力、接触多方资源并进行资源整合的能力等，综合利用资金、土地、施工等多方面资源，在产业链中担任起主导角色。

2012年7月，浦东新区人民政府批示同意浦东新区"十二五"保障房曹路基地规划，规划总建筑面积约171.3万平方米，规划总用地面积约179.93公顷，共计约安置5.07万人居住。

一局发展与政府全面合作，投资、建设、运营全过程开发上海浦东新区曹路区级征收安置房。一局发展为这一项目专门成立了全资子公司——上海中建一局集团投资发展有限公司（以下简称：上海投资公司），作为投资建设主体和项目运营主体，上海投资公司部分参与了项目的一级开发阶段，深度参与了二级开发阶段。在一级开发阶段，上海投资公司配合浦东新区人民政府开展项目实施，从前期参与储备审批、土地定界、选址用地办理等，到中期配合土地征收、房屋征收以及劳动力安置，以及后期关键的地块整理和上市审批等工作。在二级开发阶段，上海投资公司从浦东新区建设和交通委员会获得建设意向书和建设协议，从上海市浦东新区规划和土地管理局获得土地出让合同，并与用房单位签订定向供应协议。通过一、二级联动开发模式，上海投资公司厘清整个项目的开发框架和权利义务关系，掌握了房地产开发的能力。一局发展的投资运营业务通过向产业链的相对上游迈进，帮助企业实现产业升级。

一局发展的实践经验表明，企业通过多种能力的吸收与整合，能够实现多方资源的合作配置，以城市发展合伙人的身份参与中国式现代化的宏伟事业。从工程总承包商到城市发展合伙人，这种身份上的转变，标志着一局发展在业务升级之路上已经取得了长足的进步。

基础设施业务、国际化业务和投资运营业务只是一局发展企业升级在具体业务上的表现。在一局发展看来，企业升级的本质不仅是业务升级，更是能力升级，能力升级的主要方法就是以企业现有能力为抓手，积极引入外界能力进行适应化改造，形成企业新的能力体系。在可以预测的将来，一局发展的这一方法论还将为企业带来更多更高端的产业升级。即使未来一局发展通过兼并、收购等方式来实现快速的业务扩张，它仍然会使用这一方法论确保新业务与现有业务能力上的打通和融合，以追求效率与稳健兼顾、规模与安全兼顾。通过以能力升级为基础的业务升级，一局发展成长为一家多元、开放、先进的企业集团只是时间问题。

综上所述，"法人管项目"的组织纲领、"精细化经营体系"的经营纲领、"用我们的承诺与智慧雕塑时代的艺术品"的生产纲领，以及"向世界一流迈进"的升级纲领，构成了一局发展的纲领体系，一局发展能够拥有这样的纲领设计能力，是因为它始终坚持从客户需求出发，追求品质，追求卓越，并根据变化的需要，主动调节生产和经营形态。

第三章

三基色领导力：
精神、行为与风格

领导力指的是领导集体通过影响团队行为来实现团队目标的能力，是引领企业前进的重要力量。关于领导力的构成要素，学界提出过不同见解。如中国科学院"科技领导力课题组"曾提出过著名的"领导力五力模型"，认为领导力包括感召力、前瞻力、决断力、控制力和影响力[①]。美国学者库泽斯（Jim Kouzes）和波士纳（Barry Posner）在《领导力》[②]一书中则认为卓越领导者应当履行五种职责：身体力行、共启愿景、挑战现状、行为号召、激励人心。

一局发展将领导力描述为红色、蓝色和绿色构成的三基色领导力。这是由其三重性质决定的：

首先，一局发展在所有权性质上是中国共产党领导下的国有企业，企业领导集体在精神品质上反映了党建引领下的国企干部要求，本书以红色加以象征。

其次，一局发展在行业属性上是高度市场化的建筑企业，企业领导集体在行为上体现为主动拥抱市场的领导行为，本书以象征市场蓝海的蓝色加以象征。

进而，一局发展在治理特征上是注重治理效能的现代企业，企业领导集体在风格上体现为激发组织活力的领导风格，本书以代表活力的绿色加以象征。

---

① 苗建明，霍国庆. 2006. 领导力五力模型研究. 领导科学，9：11.

② ［美］库泽斯，［美］波士纳. 2013. 领导力. 徐中，沈小斌译. 北京：电子工业出版社.

图 3-1　一局发展三基色领导力

第一节　红色：党建引领的国企领导集体精神

　　坚持党的领导、加强党的建设是国有企业的"根"和"魂"，是我国国有企业的独特优势。进入新发展阶段，面对新形势新任务新要求，国有企业要坚持以高质量党建引领高质量发展。坚持党对国有企业的领导是重大政治原则，必须一以贯之；建立现代企业制度是国有企业改革的方向，也必须一以贯之。国有企业要从政治、理论、组织、制度、密切联系群众等方面入手，切实把党建优势转化为企业高质量发展的制胜优势。[①]一局发展把党建引领转化为组织优势、治理优势和发展优势，为国家战略当先锋做贡献、为企业员工谋幸福谋发展。

---

　　① 刘绍勇. 以高质量党建引领国有企业高质量发展. ［EB/OL］.（2021-10-21）. https://www.xuexi.cn/lgpage/detail/index.html?id=17401921623215298104&item_id=17401921623215298104.

1. 为国家战略当先锋做贡献

2016 年 10 月，全国国有企业党的建设工作会议指出，要将国有企业建设成为这"六个力量"：党和国家最可信赖的依靠力量，坚决贯彻党中央决策部署的重要力量，贯彻新发展理念、全面深化改革的重要力量，实施"走出去"战略、"一带一路"建设等重大战略的重要力量，壮大综合国力、促进经济社会发展、保障和改善民生的重要力量，我们党赢得具有许多新的历史特点的伟大斗争胜利的重要力量。

这"六个力量"是对国有企业的要求，在企业内部首先表现为对领导集体的要求。一局发展的领导集体通过坚决执行党对国企领导干部的"二十字要求"，即"对党忠诚、勇于创新、治企有方、兴企有为、清正廉洁"①，带领一局发展成长为落实"六个力量"的优秀国有企业。

对党忠诚：是承诺，也是动员

对党忠诚是指"必须旗帜鲜明讲政治，树牢'四个意识'，坚定'四个自信'，坚决做到'两个维护'，坚决执行党和国家的方针政策。"**在一局发展的领导集体看来，忠诚是对党交代任务超额完成的承诺，也是动员企业员工的精神财富。**

2021 年 6 月 28 日，庆祝中国共产党成立 100 周年文艺演出《伟大征程》盛大举行。承载这场盛会的"鸟巢"大舞台需要在短时间内变身全球最大的沉浸式剧场，这一重担交给了一局发展。在党委领导下，一局发展勇担央企职责，争分夺秒、全力以赴推进项目建设，调集 300 余人的建设队伍和数十台（套）吊车等设备，组织十余家材料供应商，

---

① 参照《中央企业领导人员管理规定》。

第一时间进场建设。经过不懈奋战，一局发展仅用 50 个日夜顺利完成舞台搭建任务。

2021 年 6 月 25 日，《伟大征程》文艺演出举行第二次公演。演出中突降暴雨，公演被迫暂停。承担服务保障任务的一局发展团队立即组织 26 人冲到舞台清理积水，全身湿透也全然不顾，仅用 15 分钟就将积水清理干净，保障了演出顺利进行。雨水汗水同洒，台上台下一心，团队的行动感染了在场的演员和观众，他们自发合唱起《团结就是力量》，一起加油呐喊。《伟大征程》舞台搭建项目成功建设和演出顺利保障，体现了一局发展领导集体心怀对党的无限忠诚，干部职工不畏艰难、力争上游，坚决完成党和国家任务的央企担当。

正是在"对党忠诚"的精神指引下，一局发展七天七夜抢建小汤山非典医院，创造中国式应急建造模式；抗震援建，与西南人民共渡难关；精准扶贫，对口帮扶甘肃康县，共享全面小康……一局发展领导集体忠诚于党、忠诚于人民，动员广大员工，奋发有为，成为党和国家最可信赖的依靠力量。

勇于创新：勇气的底气来自深入思考

勇于创新是指："**必须具有强烈的创新意识和创新自信，敢闯敢试、敢为人先。**"**在一局发展领导集体看来，敢闯敢试、敢为人先，这种创新意识和创新自信的底气来自对创新的深入思考**。换句话说，有勇无谋，只是匹夫之勇，有勇有谋，才是将帅之勇。一局发展领导集体正是将创新勇气和深入思考有机结合，才使公司能够始终站立在时代前沿，定义建筑时代。

"双碳"是建筑领域的发展前沿，也是党和国家对于建筑领域的殷切要求。党的二十大强调，要"推进工业、建筑、交通等领域清洁低碳转型"，推动建筑产业工业化、数字化、绿色化转型升级，同时强调要"站在人与自然和谐共生的高度谋划发展""推动形成绿色低碳的生产方式和生活方式"。一局发展领导集体高度重视、全面推进"双碳"业务，并将其纳入公司"十四五"规划坚定推进，同时通过对"双碳"业务的深入分析，确定了从建筑材料、施工方式和运维管理三个角度入手，推进"双碳"业务落地。

例如，在施工方式方面，一局发展以建筑工业化推进绿色建造落地。作为行业内最早一批建立集装配式建筑"研发－设计－生产－施工"为一体全产业链布局的施工企业，2014年，一局发展成立工业化建筑工作室，为公司内、外部装配式建筑项目提供全专业全过程咨询、方案设计和深化设计等服务。2015年，组建钢结构与建筑工业化部，为企业建筑工业化全产业链服务能力进一步提供平台支持。2019年，一局发展投资组建全国首家全产业链装配式建筑智慧工厂——中建（天津）工业化建筑工程有限公司，应用6条国内最先进的自动化生产线，混凝土构件单日生产量可达300立方米，每年可为150万平方米的装配式建筑提供建筑部品供应保障。"十四五"期间，企业研发课题"装配式混凝土建筑高效建造关键技术研究与示范"，获得华夏建设科学技术奖一等奖。如今的一局发展已拥有集新型建筑工业化技术研发、生产和履约的成熟团队，成为国内工业化建筑全产业链服务能力的领跑者。

一局发展在"双碳"领域的布局和推进，体现了一局发展领导集体在创新面前兼具勇气与思考的品格。只有将这两者有机结合起来，才能保证企业在创新中前进而不冒进，果断而不武断。

治企有方：企业治理要追求管理创新

治企有方是指"必须具有较强的治企能力，善于把握市场经济规律和企业发展规律，懂经营、会管理、善决策。"**一局发展领导集体将**

懂经营、会管理、善决策集中概括为管理创新，即通过调整组织架构和变革组织制度，提高企业经营管理效率。

早在 20 世纪 90 年代，一局发展就积极探索工程总承包体制下的项目管理模式，这些管理探索最终沉淀并确定为"法人管项目"模式，引领了中国建筑业的管理变革。一局发展的管理创新一直在路上，从率先提出"走质量效益型道路"到建立以"高价值创造、低成本运营"为核心的精细化经营体系，从坚持"用我们的承诺和智慧雕塑时代的艺术品"到建设新时代精品工程生产线，从建成中建集团第一个企业 OA 系统到大力推进数字治理和数字建造。这些成绩的取得，与一局发展领导集体治企有方、重视管理创新密切相关。

兴企有为：勇于拓展业务和能力的边界

兴企有为是指："必须具有正确的业绩观，勇担当，善作为，工作业绩突出。"**一局发展领导集体的"兴企有为"不仅表现在既有业务领域追求极致，更表现在勇于拓展业务和能力的边界**。一局发展以工程总承包业务为核心，拓展了基础设施、投资运营和"双碳"、建筑工业化、智慧建造等新业务，值得一提的是，一局发展还积极"走出去"，在国际市场上展示中国企业的风采。

一局发展领导集体坚定落实"海外优先"战略，从"跟随"走向"跟随 + 布局"，从"国内思维"走向"国际思维"，从"海外的中国项目"到"海外的外国项目"，企业国际化程度不断提高。一局发展在深耕俄罗斯、埃及等传统市场的同时，又进入伊拉克、菲律宾、印度尼西亚、沙特阿拉伯等市场，逐步形成国际工程总承包业务能力。业务的拓展本质上是能力的拓展，一局发展在国际化领域的能力拓展体现在以下三个方面：

一是可信赖的海外品牌形象。一局发展发扬"专业 可信赖"的企业品格，完美履约多个海外工程，在国际市场获得了良好口碑，表现出强大的品牌影响力，助力海外市场开拓与业务发展。

二是充分的海外人才资源储备。近年来一局发展海外人才体系更加完善，海外人员配备更加精干、梯队结构更加合理、内生增长动力和组织活力充分激发。每年，一局发展都会选拔优秀项目职业经理人及营销代表赴海外锻炼，打造企业团队的国际化经营能力。

三是国际化的专业能力。一局发展在建筑行业形成了自身的差异化专业优势，例如在超高层建筑领域处于领军地位。这一专业优势在海外业务上也有所发挥，助力一局发展成功中标埃及阿拉曼新城超高综合体等海外超高层项目。同时凭借国际履约政策、标准、文化等的经验积累，一局发展国际工程总承包能力得到充分塑强。

清正廉洁：根源在制度，落实在细节

清正廉洁是指"必须具有良好的职业操守和个人品行，严守底线，廉洁从业。"党中央把握和运用党的百年奋斗历史经验，坚持自我革命，坚持全面从严治党战略方针，一刻不停推进党风廉政建设和反腐败斗争，系统施治、标本兼治，一体推进不敢腐、不能腐、不想腐，全面从严治党的政治引领和政治保障作用得到充分发挥。**一局发展领导集体认为，要保证领导干部的清正廉洁，根源在制度，落实在细节。**

在制度建设层面，一局发展党委落实党风廉政主体责任，组织签订《党风廉政建设责任书》《纪检委员履职责任书》和《"一岗双责"责任书》，确保党风廉政建设"两个责任"在公司上下有效落实；党委书记担负"第一责任人"责任，对党风廉政建设和反腐败重要工作亲自部署、重大问题亲自过问、重点环节亲自协调、重要案件亲自督办，切实抓好企业党风廉政建设。强化纪检监督震慑，维护党纪国法，塑

强从业人员清廉作风；防范化解风险，推动企业治理结构完善。高悬党委巡察利剑，推动企业营造良好政治生态和经营生态。

在细节落实层面，一局发展领导集体带头开展调查研究工作，注重实效，轻车简从，简化接待；精简会议活动，减少会议数量，提高会议效率和质量，并严格控制会议经费；精简公文简报，减少文件数量，提高公文质量和实效。

1938 年，毛泽东同志在党的六届六中全会上作出了"政治路线确定之后，干部就是决定的因素"这一重要论断。对于国有企业来说，领导集体也是深刻影响企业发展和命运的重要因素。一局发展正是因为在对领导集体的要求上坚持"对党忠诚、勇于创新、治企有方、兴企有为、清正廉洁"的二十字方针，才保证了企业的发展方向和发展势头，引导企业切实贯彻国企"六个力量"，更好地服务于中国式现代化建设。

2. 为企业员工谋幸福谋发展

"全心全意为人民服务"是中国共产党的根本宗旨。对于国企的领导集体来说，为人民服务首先体现在为国家和人民做贡献，其次还体现在为企业员工谋幸福。

"人民对美好生活的向往，就是我们的奋斗目标。"企业既要满足客户对美好生活的向往，也要关注员工的获得感、幸福感、安全感。"只有坚持以人民为中心的发展思想，坚持发展为了人民、发展依靠人民、发展成果由人民共享，才会有正确的发展观、现代化观。"[1]对企业

---

① 新华社. "习近平高质量发展新论断"系列之四：最终目的——人民幸福安康. ［EB/OL］.（2023-04-10）. https://www.xuexi.cn/lgpage/detail/index.html?id=2811987988701486190&item_id=2811987988701486190.

来说，员工是企业的主体，只有做到企业的发展依靠员工、企业发展成果由员工共享，企业才能获得持久发展的动力。

为企业员工谋幸福

为企业员工谋幸福是一局发展历届领导集体始终不忘的任务。

新中国成立后，一局发展的员工响应国家号召，到最艰苦的地方去、到最需要的地方去。当时的领导集体在强调艰苦奋斗精神的同时，也始终关心员工的生活和幸福。改革开放后，伴随着中国经济的发展，一局发展针对员工物质生活提出了"十个有"：食堂、开水房、医务室、厕所、暖气、自行车棚、更衣室、浴室、洗衣机和制冷机，提升了员工的生活质量。

1992 年，一局发展领导集体在加强领导班子建设经验交流会上作了典型发言，题目让人耳目一新：发挥班子优势，带领员工致富。时任公司经理这样说："我这个经理当得好不好，就看员工逐步富裕没有，企业是否继续向前发展。"这样的理念一直延续至今。

历史进入新时代，一局发展对于员工幸福的保障也进一步系统化。2014 年，一局发展领导集体组织编制《幸福工程实施纲要》，启动"幸福工程"，并逐年检视各项措施的增补和应用。"幸福工程"的四项基本原则是：拼搏创造幸福，创效决定幸福，按需营造幸福，持续推进幸福。"幸福工程"的整体架构包括阳光薪酬、福利保障、员工发展、温馨关怀，为员工提供多样化保障，搭建职工幸福空间。启动"幸福工程"以来，一局发展通过发布职级薪酬考核体系、提高爱心基金投入力度、开展各项文体活动等，切实为员工谋幸福，与员工共享发展成果。

为企业员工谋发展

在百年奋斗历程中，我们党始终重视培养人才、团结人才、引领人才、成就人才，团结和支持各方面人才为党和人民事业建功立业。[①]一局发展将人才作为强企之资、转型之本、活力之源，不断优化完善人力资源体系，为员工谋发展谋前途、为企业强支撑强保障、为社会树人才育人才。**一局发展领导集体认为，员工的需求是生活幸福和自我实现。企业不仅要保障员工生活，也要助力员工发展，而后者集中体现在对于人才的培养。**

图 3-2 "屋型"人才培养开发体系

---

① 习近平. 深入实施新时代人才强国战略加快建设世界重要人才中心和创新高地. [EB/OL]. （2021−12−20）. https://www.xuexi.cn/lgpage/detail/index.html?id=13218315911007033113&item_id=13218315911007033113.

"屋型"人才培养开发体系是一局发展的人才培育模型，这一体系以公司中长期发展规划和"引领发展，堪当未来"人才目标为指引，以员工能力素质标准建设为基础，基于人才发展和业务赋能两类主题，围绕职业生涯发展的四个阶段（后备期、新任期、成长期、成熟期），以分层分类的学习地图体系为支撑，以"选、培、评、用、管"的人才发展运营闭环管理机制为驱动，以五类主要关键人才为核心，设计覆盖了职业生涯全周期（新员工、中基层青年骨干、基层主管、青年干部到中高层管理干部）的系列人才培养项目，强化了各层次人才梯队建设，满足公司战略落地和人才储备需求。

一局发展领导集体高度重视青年人才培养，这源于他们着眼于企业未来的前瞻性眼光。人力资源的健康发展，体现为人才梯队有序和代际交接平稳。

近年来，随着业务规模不断扩大和产业结构转型升级，一局发展对优秀青年人才能力培育的需求大幅增加，为此一局发展不断完善青年人才梯队培养机制，实现了员工职业全周期覆盖的体系化培养。

首先，以文化体验陪伴为源，助力新员工融入企业。落实双导师（业务导师和思想导师）带徒计划；推进"安全百日轮岗"实践计划，分类分阶段落实轮岗实践方案；落实专业赋能计划，鼓励新员工充分利用线上、线下专业训练营项目提升专业知识储备；严格转正考核，围绕文化与专业知识、专业技能与素养、工作实践等维度综合评价新员工，强化职业规划辅导，引导新员工制订职业生涯规划，形成周期性闭环。

其次，以选育培用闭环为纲，助力"鹰系"人才成长。"鹰系青年人才成长计划"聚焦"三个职业发展阶段的精英人群——启航精英、攻坚精英、引航精英"，立足"四个递进式的后备人才计划——雏鹰计划、飞鹰计划、领鹰计划、精鹰计划"，坚持优中选优、分阶培育、联动培养、选培有所用的原则，绘制不同阶段"鹰才"的能力画像，以发掘素质、发展能力、培育思维为目标，以针对高效的学习地图为支撑，以丰富灵活的发展方式为驱动，以全周期的考核评价机制为保障，加速打造一支结构合理、能力优异、面向未来可持续、健康发展的青年人才梯队。

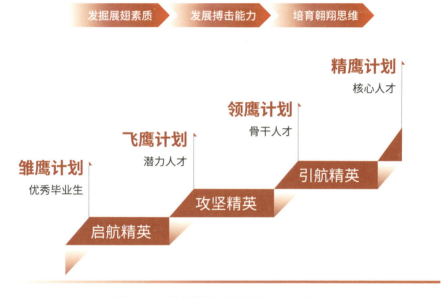

图 3-3　四个递进式的后备人才计划

雏鹰计划，面向优秀校招毕业生，培养目标为具备一线基层主管能力素质，关注多维度的核心素质要求；飞鹰计划，面向绩优员工，培养目标为具备初级管理者能力素质，识别潜质员工并纳入专业梯队；领鹰计划，面向中层骨干员工，是公司优秀青年干部的继任计划，培养目标是政治素质过硬、业绩优秀、履职尽责，具备持续发展能力素质的中级管理者；精鹰计划，针对中高层核心员工，培养目标为具备公司高级管理者能力素质，为公司高质量发展凝聚高效的企业家队伍。

一局发展对于人才的培养还体现为对社会的人才输出。对于员工工作和道路选择，一局发展领导集体一直秉承宽容和接纳的态度。因此有许多从一局发展"毕业"的人才，后来又继续在建筑行业中发光发热，并成长为行业的领军人物。因此一局发展也被称为"建筑行业人才摇篮"。

综上所述，红色是一局发展领导力的底色，它代表着一局发展领导集体在中国共产党的领导下，始终当先锋做贡献。这集中体现在领导集体对"对党忠诚、勇于创新、治企有方、兴企有为、清正廉洁"这二十字方针的落实和贯彻。同时，一局发展领导集体还坚持"全心全意为人民服务"的根本宗旨，在服务国家和社会的同时，注重为企业员工谋幸福谋发展，保障员工生活，全面培养人才。"红色"塑造了一局发展领导集体精神，保证了企业在风浪中把稳航向。

第二节　蓝色：拥抱市场的国企领导集体行为

一局发展是一家积极拥抱市场的国有企业，这源于行业特性和企业历史。从行业特性上说，建筑行业是一个充分竞争的行业，各家建筑企业无论所有制性质如何，都需要通过扎实可靠的工程品质赢得市场；从企业历史上说，在 20 世纪 80 年代，一局发展较早地承接了一批外资工程，接触到了国外市场化建筑企业的先进管理经验，学会了使用市场化手段解决企业面临的问题。这塑造了一局发展此后的发展路径，使其成为一家高度注重绩效的市场化企业。本章用蓝色来代表拥抱市场的国企领导集体行为，蓝色代表着企业不断开拓市场蓝海的愿景。

在竞争激烈的商业世界中，如何提升团队业绩，一直是每个领导集体面临的挑战。本节将一局发展的成功实践归结为两个核心方面：以结果论英雄的团队业绩观，以及"上接天，下接地"的顶层设计力。

1. 以结果论英雄的团队业绩观

一局发展的历届领导集体结合管理学理论、历史背景和企业自身特征，发展出了一套结果导向的管理方法，可以归结为"目标·行为·动机"管理模型。

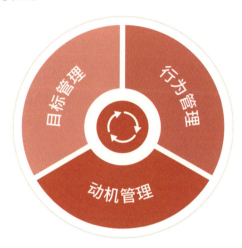

图 3-4 "目标·行为·动机"管理模型

目标管理

目标管理是指企业领导集体应当为员工设置既符合管理意图，又能够激发员工积极性的目标，以此来引领员工的行动。

目标管理来自"目标设置"理论，这一理论由洛克（E.A.Locke）和莱瑟姆（G.P. Latham）提出，主张明确和有挑战性的目标可以显著提高人的表现。目标可以使人朝着一定的方向努力，并将行为结果与既定目标相比照，及时进行调整和修正，从而实现目标。一局发展的历届领导集体根据企业实际，对目标设置发展做出了如下认识：

第一，结果是当下的结果，不是历史的结果。企业员工的历史贡献是勋章，但不是包袱。例如，一局发展建立了高级项目总监制度，

"高级项目总监"是在公司项目职业经理人中选拔出的优秀人才，在公司授权范围内，对所监管一个或多个项目的营销、策划、履约、经营管理等全过程进行指导和监督。高级项目总监为企业改革发展做出了巨大贡献，为企业沉淀了宝贵的知识财富，受到了企业全体员工的高度尊重，但一局发展同时也设置了对于高级项目总监的约束机制：如果高级项目总监上一年度没能完成公司布置的业绩指标，则自动退出。这一制度设计背后反映的是一局发展领导集体对于目标的理解：目标应当始终着眼于当下，过去的历史不能成为包袱。

第二，结果是最终结果，不是中间环节的结果。一局发展强调以企业战略目标为导向，企业的所有生产经营活动都要服务于战略目标的达成，所有管理动作都应是服务于战略目标的中间环节，避免出现管理空转。一局发展对这种观念的贯彻，可以概括为八个字：**过程嵌入，共同确保**。

"过程嵌入"是指在宏观上将公司各部门依据职能分工嵌入战略执行的全过程，明确各部门在过程节点上所负的责任。"共同确保"是指从全局着眼，要求和动员各部门服务于战略目标的最终完成。过程嵌入和共同确保避免了战略目标执行失灵和管理部门官僚化风险。

第三，结果是共同评价的结果，不是自我评价的结果。一局发展将企业视为一个有机整体，企业中的部门和员工虽然有职能和个性的差异，但最终都要为企业的整体利益服务。所以，对于部门和员工行为结果的评价，要经得起其他部门、其他员工和企业整体的考验。为此，一局发展积极在企业内部推进360度环评体系，每个部门、中层以上员工都需要接受来自上级、下级、其他部门和领导集体的评价，这些评价最终汇总为对该部门、员工的总体评价，有效保证评价的客观、真实且全面。

行为管理

在一局发展内部，对员工行为的管理体现为三种形式：资历行为管理、路径行为管理以及组织行为管理。

资历行为管理是指为了培养员工的能力结构，有意识地用工作资历塑造员工行为，以达到塑造员工能力的目的。 对于一局发展而言，项目是直接面向客户的业务一线，也是锻造员工能力的主要场域。一局发展将项目经历视为晋升的必要条件，用项目经历塑造员工直面客户，急客户所急、想客户所想，为客户创造价值的行为，让员工在这些行为中锻炼出管理项目和服务客户的能力。

路径行为管理是指企业为员工的成长提供路径规划，让员工对自身的职业发展有明确的阶段性预期，并朝着这些预期做出持续努力。换言之，企业提供给员工的确定性，就是提供给自己的稳定性。 管理学家弗鲁姆（Victor.H.Vroom）提出了期望理论，主张人的行为受他们对结果的期望以及对结果的价值评价影响。对于员工来说，最重要的期望就是职业发展和个人成长。企业为了培养员工，应当将引导员工的成长路径规划视为自身的义务，让员工在职业生涯中的每一个阶段都拥有相对的确定性。这种确定性可以巩固企业与员工之间的相互信任，有利于提升员工的忠诚度和凝聚力。

拿破仑曾经说过，不想当元帅的士兵不是好士兵。但一名士兵要怎样才能晋升为元帅，具有巨大的不确定性。而在一局发展内部，从刚加入公司的士兵成长为独当一面的将领，甚至是成长为统率全局的元帅，都有清晰的路径可以遵循。只要以饱满的热情努力工作，就有机会获得晋升。一局发展甚至将这种晋升路径绘制为清晰明确的路径地图，而且通向更高层级的道路往往并不止一条，具有多样的可能性。如一局发展将晋升序列分为管理人员序列、营销职业经理人和履约职业经理人序列、专业人员序列三种类型，实现多种路径的有序晋升。

组织行为管理是指企业领导集体不止要关心员工个人的行为，也要关心员工团队的组织行为。 在一局发展内部，对于员工的业绩考核不仅包括个人业绩考核，也包括团队序列的业绩考核，并针对不同的序列设置不同的考核指标。对于总部机构序列，主要进行经济管理目标考核；而对于项目序列，则主要进行年度预算、工期进度、质量管理、安全生产等方面的考核。这种针对不同职能、不同序列设置考核办法，并将该序列视为一个团队整体进行考核的方法，能够保障企业在管理员工个人行为的同时，精准把握企业内部的组织行为。

动机管理

动机管理是更高维度的管理形式，能够促使员工在没有外部约束的情况下，也能够主动做出企业期待的行为。一局发展领导集体正是通过以下两种方法管理行为动机，激发员工的自驱力：

一是以身份认同唤醒动机。 一局发展的员工都具有强烈的"我是一局发展人"的自我认同，这种认同与企业内部纵向和横向组织的建立呈现正相关关系：这些组织发展越完善，员工的身份认同就越稳定。

纵向组织体现为代际之间的"传帮带"关系，即一局发展所坚持奉行的"导师带徒制度"。新员工一般都会有一位前辈作为业务导师、一位领导作为思想导师，他们不仅教授工作技能，同时也会传递一局发展的企业品格和精神薪火。这种传帮带关系保证了一局发展人代际间的身份认同。而企业内部的横向组织则体现为不同能力结构员工的协力合作。一局发展领导集体特别擅长发挥不同员工的专长，让员工们彼此配合，共同完成任务。员工在这一过程中得以学习和成长，并通过对个人持续进步的感知，增强"自己是组织一员"的身份认同。

例如项目上的"先锋队""突击队"等，一般专为重大攻关而建，在紧迫时间内完成繁重工作、满足严苛标准，团队成员会在同甘共苦中感受到集体的力量，增强自身的身份认同。

二是以文化塑造巩固动机。要让企业员工拥有稳定的行为动机，持续不断地做出企业期待的表现，最终还是要靠企业文化。一局发展的企业品格被描述为"专业 可信赖"，在这一正式的组织文化之下，又延伸出一些内部语言习俗，也就是企业员工内部口耳相传并共同遵循的文化习惯，其中代表之一就是"要脸文化"。"要脸"就是工作任务的完成程度关乎个人评价和声誉，不容有失。这不是来自外部约束，而是企业文化对于员工的内心塑造。它源于企业员工对自己内心的关照，是最深层次的动机来源。

2."上接天，下接地"的顶层设计力

顶层设计是企业领导集体的一项重要工作。一局发展领导集体的顶层设计力可以被归结为"上接天，下接地"。"上接天"是指主动对标世界一流企业，具有长远的战略前瞻性；"下接地"是指深刻了解行业形势和企业实际，能够以务实态度基于基层经验思考问题。

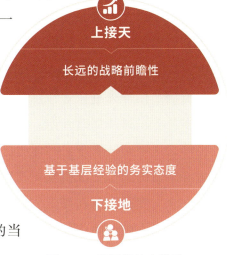

上接天：长远的战略前瞻性

一局发展的历届领导集体都拥有长远的战略前瞻性，能够为企业的当下和未来发展指明方向。

图 3-5 顶层设计力模型

20 世纪 80 年代，一局发展即开始了"项目法施工"的探索。90 年代初，一局发展确立了"法人管项目"的组织模式，以及"用我们的承诺和智慧雕塑时代的艺术品"的质量方针，坚定走质量效益型发展道路。21 世纪初期，一局发展审时度势，开启了国际化征程，并在企业内部坚定推行和不断完善精细化经营体系。

在新时代，一局发展致力于成为高质量发展的典范，提升自身管理能力和管理水平，深耕工程总承包业务，注重拓展多元化业务和国际化业务，并在管理模式上逐步落地数字化管理和数字化决策。

为什么一局发展领导集体可以拥有如此的战略前瞻性呢？主要有以下三点原因：

第一，超前的阅历。

阅历是眼界和格局的前提，曹雪芹能够写出《红楼梦》这样的名著，能够对世家大族的生活和心态进行细致入微的刻画，是因为他自己就是亲历者。当一局发展领导集体回眸企业历史之际，经常会感叹"公司很早就见过大世面"。一局发展在探索过程中时常以世界一流建筑企业作为范本，参考其发展模式和先进经验，选择因时制宜和因地制宜的发展路径。这源于 20 世纪 80 年代初一局发展与外资合作履约工程项目的经历，如与德国菲利普霍尔兹曼公司合作的北京燕莎中心工程，以及与法国 SAE 公司合作的国贸一期工程等。在这些工程中，一局发展与国外先进企业深度接触，了解其管理模式和工作风格，开阔了眼界。正是从那时开始，一局发展了解到一家现代建筑企业应有的模样。这种见识孕育了一局发展的一流企业之梦，即渴望有朝一日，从虚心求教的学生变成引领行业的排头兵。广阔的格局和高远的眼界会使一个人变得从容而笃定，长远的前瞻性则会让一家企业拥有沉稳的战略定力。中国的建筑行业风云变幻，但一局发展已确立了"成为世界一流企业"的雄心壮志，并为此做出了与时俱进的战略规划，坚定信念，坚决落实。

第二，对于知识的重视。

20 世纪 80 年代，一局发展认识到建设知识型企业的重要性，于是较为领先地提出了"引入知识型干部"的举措，甚至面向国内高校有偿引进毕业生。这些毕业生的到来，改变了一局发展的人员结构和企业风气，在企业内部形成了重视知识、学习知识、运用知识的氛围，而知识和人才的积累，也成为企业持续进步的有力杠杆。同时，知识型干部也塑造了企业内部相互之间尊重人格、求同存异、平等沟通的处事风格，深刻地影响了一局发展的企业性格，维持了企业内部人际关系的简单透明和企业整体的风清气正。

第三，灵活配置资源以贯彻企业战略的动态能力。

战略前瞻最终需要落实贯彻，否则仅仅是一纸规划。一局发展的历届领导集体从来不做空泛的、不能落地的战略规划。他们对于自身的战略规划一直是言出必行，这背后的底气是他们拥有的动态能力，即根据动态形势灵活配置资源以贯彻企业战略的能力。

例如，一局发展将智慧建造作为重要的战略方向，为此积极寻求智慧建造的应用场景。2016 年 6 月 28 日，一局发展与泰国正大集团合资组建中建正大科技有限公司，积极进行产业融合创新，以建筑信息化为主营业务，在各类工程的设计与建设过程中，实现建造可视化与标准化，降低施工成本，提升施工效率。同时，中建正大面向泛基建领域，以智能化基础底座（IoT 平台）链接前端感知，以数字化标准能力锻造业务场景应用，致力于智慧建造的全过程管理及智慧运营的全场景构建。中建正大的成立是一局发展领导集体灵活配置资源以贯彻企业战略的经典案例，体现了一局发展领导集体杰出的动态能力。

总之，一局发展的历届领导集体拥有"上接天"的顶层设计能力，即保持战略的高度敏感和长远的战略前瞻性。这首先是由于他们很早就接触了国外先进企业的管理经验；其次是因为他们尊重知识，并在国内较早地引进知识型干部，建设知识型企业；最后是因为他们拥有灵活配置资源，以确保战略实施的动态能力。这些共同塑造了一局发展领导集体在时代变化面前，游刃有余、保持领先的领导行为。

下接地：基于基层经验的务实态度

毛泽东同志的《水调歌头·重上井冈山》中有这样一句："可上九天揽月，可下五洋捉鳖，谈笑凯歌还"。这当然是在说革命者的豪情壮志，又何尝不是在说领导者的自我修养：既要"可上九天揽月"，以前瞻性视角把握战略全局；又要"可下五洋捉鳖"，主动下沉基层，了解基层实际，坚持一切从实践出发，追求实效，不搞花架子。

这种领导品格又可以有四点具体解释：

第一，基于业绩的合法性。

一局发展的领导干部具有一个鲜明的特点，他们几乎都是从基层摸爬滚打，逐步成长为企业领导。这反映了企业内部对于领导集体的共同观念，即基于业绩的合法性。

社会学家马克斯·韦伯（Max Weber）曾经将领导者的合法性归纳为三种：一是基于领导个人魅力的合法性，二是基于传统的合法性，三是基于现代法理的合法性。而在一局发展内部，领导的合法性固然要基于现代法理，同时也要基于实际业绩。

截至目前，一局发展的历届主要领导大多是从基层项目中成长起来的，且拥有过硬的业绩表现。即使已经身居领导岗位，他们也仍然坚持在基层项目中获得务实品格：凡事追求实效，不求夸大包装，不搞花架子，以实际业绩说话。

第二，"此处"精神。

一局发展是一家高度市场化的企业，历届领导集体都严格遵照市场逻辑行事，拥有一种把心放在"此处"的精神。"此处"就是作为市场主体的一局发展；把心放在此处，就是要对这一市场主体进行精心耕耘，对每一个工程项目都做到尽善尽美，对支撑工程项目的每一处管理细节都做到细致入微。而且，领导干部也要经常去一线，现场指导项目生产经营，倾听来自一线的声音。这在一局发展内部是习以为常的传统。

第三，基础管理经验的连续积累。

基础管理经验是指在企业日常管理运营中发现并积累下来的有效做法，它是企业领导集体和全体员工的集体智慧结晶，也是企业可贵的精神财富。对于这种经验采取何种态度，影响着企业能否持续稳定和永续经营。在"此处"精神的引导下，一局发展的基础管理经验呈现出一种可贵的连续性。具体而言，一局发展的各项管理都会在代际传承中不断完善，而历届领导集体也将自己放在企业历史的延长线上，对前人的经验积累加以尊重和适应性改良，而不是为了彰显自身的领导权威另起炉灶、全盘推翻，这也成为一局发展能够穿越历史风云，稳健经营，持续进步的重要原因。

第四，"功成不必在我，功成必定有我"的历史自觉。

企业领导集体的自我认知决定了领导风格，也塑造着企业形态。一局发展的历届领导集体都拥有一种共同的认知，那就是将自己想象成历史链条上的一个环节，想象成企业精神薪火的传承者：既要对前辈的成就和积累负责，也要为后来者尽力扫除障碍，开辟道路。正因为一局发展的历届领导集体都不愿让自己成为历史的终点，也不愿将自己想象为历史的起点，所以他们愿意去做一些长期的规划。尽管开花结果可能要留待后人，但自己仍然愿意在当下辛勤播种、浇水，并细心呵护新业务的幼苗，留待来者。这种"功成不必在我，功成必定有我"的历史自觉，保证了一局发展的历史连续性，也不断为企业的未来廓清蓝图。

企业领导力是一个宏大而永恒的话题。一局发展作为一家高度市场化的企业，在领导力上也体现了市场化特征。首先，这体现为以结果论英雄的团队业绩观，以及对企业员工的目标、行为和动机的管理。其次，这还体现为"上接天，下接地"的顶层设计力，表现为战略前瞻性和务实精神的有机结合。所有这些行为都体现了一局发展领导集体对于历史和自我的认知：自己是过去历史的传承者和未来历史的开拓者，对前辈和后辈都负有历史使命。这就是一局发展的领导力之中内生的精神资源和精神动力。

第三节　绿色：激发组织活力的国企领导集体风格

一局发展领导集体致力于激发组织活力，这在根本上仍然源于一局发展高度市场化的企业特征。一局发展领导集体习惯使用市场化的规则处理与员工的关系，共同开拓企业的未来。正是因为这种领导风格，一局发展内部的组织活力得以充分激发，为企业进步提供持续动力。

1. 领导者的非权力性影响力

法约尔（Fayol Henri）在《工业管理与一般管理》一书中将领导者的影响力划分为权力性影响力和非权力性影响力。权力性影响力指的是因领导职位而产生的影响力，非权力性影响力指的是领导者的品质、作风以及行为榜样等非权力因素对被领导者造成的影响力。这种影响力常常能发挥潜移默化的约束作用。

在一局发展内部，这种非权力性的影响力源于领导集体对自己与员工关系的界定，以领导集体的整体形象为基础，并落实为领导集体和下属之间的非正式沟通渠道。

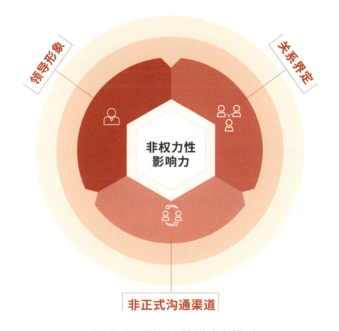

图 3-6　非权力性影响力模型

领导集体与员工关系的界定

一局发展领导集体对于自身和员工关系作出了如下界定：

第一，领导集体对于员工的培养和提拔出于公心，注重员工的业绩表现，与领导集体和该员工之间的亲疏远近无关。一局发展领导集体着眼于企业的长期发展，以培养自己的"掘墓人"的勇气，对员工进行锤炼。同时，一局发展的员工们都拥有这样的意识：要想获得职业生涯的晋升，就要凭业绩说话，努力在自己的岗位上做出实际成绩。

第二，领导集体和员工之间"就事论事"，领导集体对员工"有事说事"。在一局发展内部，领导集体和员工之间的沟通真诚、简单且透明。领导集体对于员工工作的批评，不会上升到对员工个人的批判。

第三，**领导集体尊重员工在工作场域之外的个性，鼓励员工经营好工作之外的生活**。这能够让员工感受到来自领导集体的尊重，以更努力地工作进行反馈，有利于建立相互尊重、相互信任的良性上下级关系。

第四，**领导集体认为自己对员工的职业发展负有责任**。因此会对员工成长善加引导，为员工成长营造环境，尤其注意在工作安排中，让不同能力结构的员工协同合作、扬长补短、相互学习。

著名政治学者亚历山大·温特（Aleksander Wendt）认为，人类社会的结构是由人类社会的主流观点塑造的，而不是由物质力量塑造的。换言之，决定社会关系的首先是彼此的认同。① 所以，关系主体对于关系本身的认识会影响关系的发展。领导集体要处理好与员工之间的关系，首先需要厘清自己对这种关系的认识。一局发展领导集体的上述四点认知，是激发组织活力的领导风格产生的前提。

领导集体的整体形象

领导集体的非权力性影响力以其整体形象为基础，其特征可以归纳为公正、团结和干净。

"公正"的形象一要靠领导集体的品格，二要靠对于领导集体的制度和心理约束。

习近平总书记指出："作为共产党员，作为党的干部，只有一心为公，事事出于公心，才能有正确的是非观、义利观、权力观、事业观，才能把群众装在心里，才能坦荡做人、谨慎用权，才能光明正大、堂堂正正。"领导集体处事公正可以获得员工信任；反之，领导集体处事偏颇会导致员工对于领导集体的疏离。

---

① Alexander Wendt.1999.Social Theory of International Politics.Cambridge: Cambridge University Press, 1.

　　诸葛亮之所以为巴蜀百姓爱戴、为后人称道，其根源就在于诸葛亮处事公平、执法公平。一局发展历届领导集体也一直秉持公心，以公正的态度对待各方利益。这种公心的根源是他们相信只有以整体利益为出发点才能推动企业的长远发展。这种公心赢得了员工的尊重和支持，激励员工更加积极地忘我工作，为企业的发展贡献力量。

　　一局发展领导集体公正形象的建立还源于企业对其制度和心理的约束。制度约束指的是国有企业的"三重一大"要求，即凡属重大事项决策、重要人事任免、重大项目安排和大额度资金运作事项必须由领导班子集体作出决定。"三重一大"事项坚持集体决策原则，一局发展明确"三重一大"事项的决策规则和程序，党委会、董事会、总经理办公会等决策机构依据各自的职责、权限和议事规则集体讨论决策，并不断完善群众参与和专家咨询机制。

　　心理约束源于一局发展领导集体的成长经历：他们大多是从公司的基层项目中成长起来的，有过长期共事的经历。即使在班子中有排序上的先后之分，但彼此之间仍视对方为亲密的同事和战友，领导干部的言行会受到同事和战友的关注和监督，这有效确保了领导集体坚持企业整体利益至上。

　　"团结"形象的建立来源于两个方面：一是共享的价值观，二是科学合理的分工。

　　领导集体的团结可以增进企业员工对领导集体的信任；反之，领导集体的内部分裂可能引发员工的不安，所以领导集体的团结至关重要。社会学家涂尔干提出了著名的社会团结理论，他将社会团结区分为机械团结和有机团结两种类型。机械团结是指传统社会中基于价值观高度同质性的团结，例如古代中国的宗族团结是基于儒家礼义廉耻的伦理道德观念。而有机团结则是现代社会的团结，它建立在社会分工的基础上。随着社会分工的细化，个人只承担某一具体分工，对于他人的依赖性就会加深。只有和他人团结，才能通过分工协作实现互补，进而达到自己的目标。

一局发展领导集体的团结是机械团结和有机团结的结合。首先，领导集体内部拥有高度一致的价值取向，即"专业 可信赖"的企业文化以及结果导向的团队业绩观。同时，领导集体还进行科学分工和协力合作，及时沟通交流意见，确保企业战略意图落地和整体目标完成，引领企业改革发展和生产经营稳步推进。

"干净"是指清正廉洁，这是对领导集体的原则性要求。"公则生明，廉则生威"，这一形象的建立能够赢得企业员工的支持和尊重。一局发展对于领导集体清正廉洁的要求，主要通过制度建设和细节约束加以落实。在本章第一节中对于清正廉洁有过详细的阐述，这里不再赘述。

"公正、团结、干净"形象的形成是历史塑造和制度建设的结果，也是领导集体保持非权力性影响力的坚实基础。

非正式沟通渠道

非正式沟通渠道是对领导集体非权力性影响力的落实。"非正式"是指不在正式工作制度或流程框架内的沟通。非正式沟通渠道具有三个特征：一是即时性，即在一些即时发生的场景中，员工可以就较为紧迫的事项向领导干部作出汇报并获得指示，以避免信息迟延问题；二是开放性，即沟通主体间的交流不具备强烈的正式工作交流色彩，避免了因第三方或更多主体在场带来的顾忌，可以畅所欲言；三是情感性，即这种沟通会带有人际的情感交流，而非像正式工作会议中那样需要摒弃个人情感，双方可以更为真诚地展开交流。

一局发展积极开拓领导集体与企业员工之间的非正式沟通渠道：首先，通过常态化调研，双方就公司和项目经营等事项展开即时性沟通，就一线真实情况开展讨论；其次，企业还经常召开联欢会、运动会、座谈会等活动，让领导集体和企业员工拉近距离、密切接触，增强彼此之间的情感。

多元化的非正式沟通渠道能够让企业员工近距离感受到领导集体的人格化温度，收获被倾听的满足感；让企业员工的正确意见被领导集体采纳并转化为企业决策，提升员工的主人翁自豪感和参与感，促进非权力性影响力的有效落地。

综上所述，一局发展领导集体的非权力性影响力以领导集体对于自身和员工关系的界定为前提，又以领导集体的整体形象为基础，并通过领导集体与员工之间的非正式沟通渠道得以落地。非权力性影响力是权力性影响力的有效补充，它在硬权力之外又开辟了软权力的领导手段，保障领导集体意志更好地在企业内部贯彻，最终推动企业的发展进步。

2. 以平等开放的职场激发员工创造力

在现代管理学中，平等开放的职场已经成为诸多管理学理论的共同追求。其中，美国管理学家道格拉斯·麦格雷戈（Douglas M. McGregor）提出人本管理理论，将管理者对待员工的态度分为"X 理论"和"Y 理论"两种类型。X 理论认为员工天生懒惰，需要通过严格的控制和奖惩来管理；而 Y 理论则认为员工天性善良，有自我激励的愿望，只需要适当的环境和支持就能主动工作。人本管理理论主张采用 Y 理论的管理方式，认为领导者应当注重员工的需求和个性，关注员工的福利待遇、个人发展和工作满意度，给予他们信任和支持，鼓励员工发挥个人潜能，激发员工的工作热情和创造力。

英国心理学家克里斯·阿吉里斯（Chris Argyris）等学者则提出了参与式管理理论，强调员工参与决策制定和问题解决的过程，认为员工参与能够增加他们对工作的投入感和责任感，提高组织绩效。

美国学者所罗门（Barbara Solomon）则在社会工作领域提出了"赋权"理论，强调将权力和责任下放给员工，让他们拥有更多的自主权和决策权。该理论认为赋予员工更多的自主权，有助于激发他们的创造力和自我激励，提高工作效率，并提供更多创新和优化的想法。例如在谷歌存在20%时间规则。根据这个规定，谷歌的员工每周可以将20%的工作时间用于追求个人兴趣，而无须局限于他们当前的职责范围。这就意味着他们可以在一段时间里全身心地投入到那些真正让他们心驰神往的项目中，增加迸发创新灵感的可能性。

一局发展在以平等开放的职场激发员工创造力方面，拥有自己独特的方法和建树，这些恰好又与前述三种理论形成了对应关系。

图 3-7　创造平等开放职场的方法

人本管理：给员工以组织支持感

人本管理理论强调，企业作为组织，应当让员工感受到来自组织的支持。一局发展领导集体秉持以人为本的管理理念，为员工提供来自企业的支持感和安全感，这主要通过三种手段加以落实：

第一，有保障性的法人服务。一局发展以"法人管项目"为组织纲领，"法人管项目"要求企业法人对项目提供服务和支持。一局发展的历届领导集体经过不懈的努力，在企业法人层级集成了多种服务能力。当分布在全国乃至海外的项目需要呼叫支援的时候，企业法人的相关能力模块会立刻提供支持，这为一线员工提供了巨大的职场安全感，真正做到了"一线人员可以随时呼叫后方炮火"。

第二，有归属感的内部组织。人是社会性的动物，需要在组织当中寻找归属感。归属感可以帮助企业员工更加专注地投身工作，心无旁骛。为此，一局发展的历届领导集体高度重视企业内部的工会、共青团等组织建设，这些组织具有稳定而正向的价值观，能够帮助员工在新入职时迅速找到安身立命之所，在困难时拥有倾诉和求助的对象，这些组织总是能够给员工提供正向而有效的反馈，这对于企业员工心理建设而言是巨大的支撑。

第三，渐进式的企业发展。对于企业员工而言，最大的心理挑战莫过于企业的突变式变革，这会给员工带来巨大的不安全感，甚至造成优秀人才的流失。一局发展的历届领导集体都强调企业管理中的渐进式和连续性变革。站在当下的历史节点，回眸一局发展的创业史，可以看到企业已经经历了巨大的变革，这些变革并不是在一夜之间完成的，而是在无数个日夜中，通过历届领导集体的战略规划和一代代一局发展人的艰苦努力，以渐进式变革得以实现的。这种渐进式变革不会给员工带来难以忍受的心理危机。相反，当员工看到企业稳步前行，会增强对企业的信心。

参与式管理：尊重一线员工的创造力

参与式管理的本质，就是让企业员工参与到企业的管理流程和决策流程中来，让员工感受到自己的声音被倾听、被重视。一局发展主要通过两种途径开展参与式管理：

第一，企业发展战略和管理方法的参与式管理。这在一局发展的内部主要体现为青年论坛，具体形式为：企业每年根据自身发展实际和行业前沿形势，制定关于企业发展战略和管理方法的选题，吸引入职企业 1 至 3 年的青年员工参加，鼓励这些青年员工根据自己观察到的企业情况，积极讨论企业发展并提供宝贵建议。一局发展领导集体之所以会格外重视青年员工的参与式管理，这不仅是为了加强对青年员工的培养，还能依托青年员工的前沿视角和敏锐感知，帮助企业进行自身的再审视。例如，时任成都市温江区蓉西新城 B 区新居工程项目部商务经理曾在"青年论坛"中提出了建立健全"小班组"管理体系的建议，随即获得领导集体采纳并在全公司进行推广。这体现了一局发展内部的参与式管理是真实的、有效的。

第二，企业知识技能的参与式管理。一局发展积极开展各类知识和技能竞赛，如创新创效大赛等活动，鼓励员工就履约管理、运营分析、科技创效等重要维度进行同台竞技，并对优胜者给予奖励。这类竞赛的主要目的在于：通过员工之间的横向比较，鼓励员工对企业经营管理的相关知识技能进行自我磨砺、深入钻研、主动积累，并通过奖励让员工感受到即时回报。由于员工知识技能积累到职业晋升还需要相当长的时间，所以知识和技能竞赛可以被视为是引导员工进行自我积累的制度补充。同时，一局发展还鼓励有独到创见的优秀员工将自己的知识、技能和经验总结为课程形式在企业内部进行分享，体现为"优师优课"。这使得员工的个别智慧可以迅速转化为企业内部分享的知识产品，从而沉淀为企业的集体智慧。当员工感受到个人智慧向集体智慧的转化，也可以真切地体会到自身对于企业发展的深度参与，从而更加积极主动地积累知识、锻炼技能，最终形成良性循环。

赋权管理：尊重员工的自组织

赋权管理强调对于企业员工下放部分管理和决策权力，这是其与参与式管理理论的相似之处。两者的区别在于：参与式管理强调的是引导员工参与企业设置的管理议题，而赋权管理则鼓励员工根据自身的兴趣和特长，结合企业的需要主动设置议题，为企业发展提供更多计划外创新机会。

一局发展领导集体清醒地认识到，夺取科技的制高点是一局发展保持未来领先的必经之路。而科技创新在很多时候都需要依靠计划外创新。计划外创新是指企业员工主动发挥创造力，在企业的创新计划外创造出领导集体意想不到的成果。这在科技领域并不鲜见，因为科技创新原本就充满了偶然性和意外性。例如在 1902 年夏，美国纽约布鲁克林区的一个印刷工厂为了解决厂内湿度过大导致纸张吸水膨胀的问题，请来一位名为威利斯·开利的工程师设计一种降低室内湿度的机器。威利斯·开利设计的机器的确解决了湿度的问题，同时，这台机器还被发现可以同时降低室内温度，这就是空调的意外诞生。

为了捕捉住这些转瞬即逝的偶然和意外，一局发展领导集体高度尊重员工的自组织，创设了职工创新工作室制度。这一制度规定，一局发展的员工可以结合自身特长和实践，根据企业发展需求自行设置创新课题，在企业内部搭建课题团队，申报课题经费，一局发展领导集体会对其中的优秀课题不吝资助。职工创新工作室制度结出了丰硕的果实。例如，成立于 2016 年的岩土施工技术应用职工创新工作室逐步探索完善"投标策划 – 设计优化 – 施工管理 – 技术咨询"运营模式，丰富、培育公司岩土工程设计、深化设计及设计施工一体化能力，提升公司岩土专业领域整体水平，以全生命周期服务打造精品工程，创造了显著的经济和社会效益，并在 2019 年荣获"北京市级职工创新工作室"荣誉称号。这类职工自组织在企业内部的蓬勃发展，是一局发展结合自身实际，开展员工赋权的有效尝试。

如何激发组织活力，这是现代企业领导者难以回避的课题。一局发展领导集体通过自身探索，对这个课题给予了清晰有力的答案：通过领导集体与员工关系的界定、领导集体的整体形象以及企业内部的非正式沟通渠道，建立领导集体的非权力性影响力；通过给员工以组织支持感的人本管理、尊重一线员工创造力的参与式管理以及尊重职工自组织的赋权管理，创造平等开放的职场，激发员工的创造力。这其中体现了理论、历史和实践三者的有机结合。

领导力是企业永恒的课题，也是一个复杂而立体的综合体。企业领导力没有一定之规，不同的企业根据其行业历史和治理特征的差异，发展出了不同的领导力结构。一局发展的领导力可以归纳为"红蓝绿三基色模型"，这同时也代表着精神、行为、风格三者的有机融合。在这三者的背后，我们又可以窥见一局发展历届领导集体的自我认知：将自己置于历史链条中，对党和国家负责，对前人和后人负责；坚持企业的市场化导向，不尚空谈、注重实干。这些认知还将持续为一局发展照亮前路，为一局发展的领导力注入更多的时代性内涵。

第四章

文化构建能力：
凝聚、提炼与执行

　　"企业文化"是指企业员工所普遍认同并自觉遵循的一系列理念和行为方式的总和，通常表现为企业的使命、愿景、价值观、管理模式、行为准则、道德规范和沿袭的传统与习惯等①。企业文化至关重要，因为它在诞生之后即对企业的发展战略、目标和运营模式有决定性影响。②

　　企业文化不是空中楼阁式的话语构建，也不是闭门造车式的自说自话，而是包含了企业现实追求的话语体系。企业在发展过程中基于自身追求而产生精神、观念等文化雏形，最终凝聚为系统性的企业文化。一局发展在自身成长历程中产生了"野战军精神""绩效观念"等文化雏形，最终凝聚为"专业 可信赖"的企业文化。本章将首先探讨这一文化凝聚历程，进而从文化提炼能力和文化执行能力两方面，探讨一局发展的企业文化构建能力。

---

　　① 黎群，王莉. 2012. 企业文化. 北京：清华大学出版社，6.
　　② ［美］埃德加沙因. 2017. 企业文化生存与变革指南. 马红宇，唐汉瑛译. 杭州：浙江人民出版社，42.

第一节　以追求为导向的文化凝聚历程

"文化"是一种系统性的精神存在，它在被总结提炼之前一般呈现为精神或观念等文化雏形。这些精神或观念塑造了企业内部相同的价值追求和行为习惯，最终经过系统化建设，凝聚为正式、成文的话语体系和执行体系，这标志着企业文化的成形。

一局发展的企业文化凝聚历程也是如此。在企业文化成形之前，企业根据自身追求产生了诸多文化要素，体现为各类方针、理念、作风、思想等。将这些文化要素进行概括整理后，可以发现一局发展的企业文化凝聚经历了"野战军精神""绩效观念"和"专业 可信赖"文化三个发展阶段。这一凝聚历程背后的驱动力，是一局发展在不同阶段，面临不同问题时产生的不同追求。

1. 艰苦创业时期：以"野战军精神"鼓舞信念

"野战军"是中国人民解放军野战部队的简称。解放战争初期，人民解放军在各战区先后组建野战军，执行机动作战任务。随着解放战争的节节胜利，为了方便指挥调度，各野战军逐步统编为西北野战军、中原野战军、华东野战军、东北野战军和华北野战军。以华东野战军步兵 99 师 297 团为主体改编的中国人民解放军建筑 5 师 15 团组成了长春第一汽车制造厂 652 工程公司 108 工区，与以建筑工人为主体的 101 工区一起承建长春第一汽车制造厂的总装配车间、摩托车间以及辅助设施，这两个工区便成为一局发展的前身，"野战军精神"也因而成为一局发展的精神底色。"精神"是指人类的一种心理状态，它带有感性特征，可以指引人类的行为取向。"野战军精神"是指野战军部队所拥有的独特价值观，其核心是"忠诚和担当"。

"野战军精神"是一局发展创业之初的重要精神支撑。一局发展的创业之路是与新中国的工业化之路一同开启的，新中国工业化初期面临的困境就是一局发展创业之初面临的困境。新中国成立之初，我国农业和手工业占据国民经济的主导地位，工业基础十分薄弱，重工业比例非常低；工业部门结构不健全，只有采矿业、纺织业和简单的加工业，许多工业品无法进行独立自主生产，只能依赖进口；重工业需要大量的资金和技术支持，而当时我国的财政状况和科技水平都难以满足这种需求。毛泽东同志曾经形象地描绘了当时的工业状况："现在我们能造什么？能造桌子椅子，能造茶碗茶壶，能种各种粮食，还能磨成面粉，还能造纸，但是，一辆汽车、一架飞机、一辆坦克、一辆拖拉机都不能造。"

为了克服这种困境，一局发展的创业前辈们毅然担负起建设祖国的重任，通过鼓舞战天斗地的信念、发挥人的主观能动性克服困难。这种精神在当时中国的各行各业都有所表现，在一局发展内部它表现为"野战军精神"。

长春第一汽车制造厂就是在"野战军精神"鼓舞下的伟大建设。本书第一章已经回顾过这段历史，这里之所以不惜笔墨仍要从一汽写起，是因为一汽不仅是一局发展的创业起点，也是一局发展的精神原点。一局发展的创业前辈们凝聚在作为领导核心的党委周围，统一意志和目标，在高度使命感的鼓舞下，以忘我的"野战军精神"投入到一汽工程中，这种精神包含三个方面：使命必达、干部模范和勇于创新。

"使命必达"是指令行禁止，敢打必胜。野战军部队正是以这种精神战胜强敌，取得了全国解放的伟大胜利。在和平建设时期，"使命必达"是指坚持行则必至、干则必成、成则一流，坚决服从党和国家的统一指挥，在困难面前豁得出、关键时刻冲得上，将各种"不可能"变为"可能"，圆满完成党和国家赋予的使命任务。

一局发展的创业前辈们正是以"使命必达"的高度责任感克服了困难，保证了高标准完成任务。当时面对的困难首先是恶劣的自然环境。东北地区冬季最冷时气温低于零下 40 摄氏度，城市周围绿色植被少，大风刮起来，飞沙走石，寒气逼人，这无疑是严峻的考验。

其次是艰苦的生活条件。新中国成立之初，各种物质条件比较差，尤其是居住条件，工人们挤在工棚里，用革命的热情抵御严寒的侵袭。

再就是有限的施工条件。当时建筑业仍然以手工操作为主，为数不多的汽车吊、翻斗车等是工地上的主要机械。大量的混凝土都要由人工搅拌和捣固，工地上必不可少的砖瓦灰砂石也都需要工人们肩扛手提。

尽管如此，经历过战争考验的转业官兵们仍然在"使命必达"的鼓舞下，自力更生，艰苦奋斗。面对恶劣的自然环境，他们无所畏惧，风刮得睁不开眼睛，便倒着走，风猛了，便抱着电杆，等风小了再走，工地再远，也要按时赶到；房子不御寒，大伙挤紧些，再烧些锯末取暖；技术不懂，就边干边学，缺什么工种，就学什么工种，打砼紧张，就放下瓦刀握起铁锨，起重工缺乏，放下锯斧就去当起重工……只要上级党组织一声令下，坚决照办，没有讨价还价。[①]

"干部模范"在野战军部队中体现为官兵平等、官兵一致，干部尊重士兵、爱护士兵，以身作则，勇当先锋。在和平建设时期，"干部模范"则体现为党的干部吃苦在前，享乐在后，在工作中发挥模范带头作用。

---

① 陈松叶. 1994. 铁铸的旗. 北京：解放军文艺出版社，12.

在党委领导下，党在工人们心中具有极高的威信。但这种威信不是依靠行政命令和权力强制，而是依靠党的干部与工人群众打成一片、长期同甘共苦。在生活中，干部与工人同吃、同住，还会给工人们送水送饭、擦汗拍打尘土；在工作中，干部与工人共同劳动，在工程最紧张最艰苦的时候，干部一定会赶到现场，积极担负起管理责任，以实事求是的态度领导工程建设。这样的领导风格可以通过一个故事来体现：一局发展的一位早期领导干部经常到各个工地进行实地调查，但他不喜欢别人前呼后拥地陪同，经常独自前往，竟然闹出了被工地警卫当作干扰生产的闲人的误会。一局发展领导干部普遍具有这种平易近人的工作作风以及认真负责的工作态度，在一汽工程等早期建设项目中起到了关键的模范带头作用。

"勇于创新"在野战军部队中是指主动投身军事创新，钻研战术战法，追求以更小的代价战胜强敌。这在和平建设时期体现为主动钻研技术和工艺，依靠创新解决建设中的问题，提升生产效率。

即使是在艰苦创业阶段，一局发展的工程建设也并不只是依靠土法施工，其中还包含着创新的热情，在一汽和后来的一重工程中曾产生重大影响的"科技庙会"就是生动一例。庙会原本是中国劳动人民为欢庆节日而约定俗成的聚会形式，而一局发展的建设者们则给庙会赋予了全新的内容：搞技术革新、发明创造，为加快一汽工程建设献计献策。在庙会现场，纸做的大大小小的西瓜里装有某项技术攻关难题，员工们根据自己工种的技术水平和胆识决定抱什么西瓜，并进行有针对性的攻坚克难。科技庙会其实就是科技攻关的早期尝试。[1]

1956 年 7 月 13 日，第一辆解放牌汽车下线，这是"野战军精神"结出的硕果。随后，一局发展又在这种精神的指引下，建设一重，转

---

[1] 陈松叶. 1994. 铁铸的旗. 北京：解放军文艺出版社，15.

战西南，为新中国立下赫赫功绩。"野战军精神"的核心是忠诚和担当，它的内容是使命必达、干部模范和勇于创新。正是在这种精神的引领下，一局发展走过了艰难岁月，也奠定了文化底色和精神雏形。每当遇到重要关口，一局发展都会回顾当年的艰苦岁月，不忘初心，牢记使命，点燃斗志。

2. 改革开放时期：以"绩效观念"拥抱市场

"绩效"一词来源于英文"Performance"，直译应当是"表现"，译为"绩效"是因为在管理学中，它其实包含两层意思："绩"即成绩，是企业内部的组织或个人在一定时期内的工作行为和结果；"效"即成效，指的是前者对于企业产生的客观影响。而"观念"则是指人对于事物认识的系统化集合体。相比于"精神"，"观念"要更为理性和系统。

一局发展的绩效观念是指：企业尊重员工的积极性和创造性，以绩效作为衡量员工的主要标准；全体员工以创造绩效为荣，渴望为企业创造更大效益，并以此作为评判自身成就的尺度。

一局发展绩效观念的产生与改革开放的时代背景有深刻联系。改革开放以前，建筑业主要是为了完成国家分配和安排的建设任务。改革开放以后，建筑业市场化程度提升，建筑企业要对自身的生存与发展负责。为了提升企业市场竞争力，就需要用绩效来改善企业内部管理，改革利益分配制度，坚持效率优先，兼顾公平，多劳多得，少劳少得。具体来说，倡导绩效观念可以从三个方面来提升企业的经营和服务水平：

一是激发员工的工作动力。 倡导绩效观念意味着强调每个人都应该追求卓越，以创造价值为目标。企业推崇高绩效理念，员工就会以成果为导向，注重工作贡献和结果。同时，企业通过制定明确的绩效目标和激励机制，激发员工工作动力，提高工作效率和质量。

二是提升团队协作能力。绩效的达成必须依靠团队协作，企业倡导绩效观念，员工之间就会形成互相支持和共同努力的风气，培养出高效能的团队。市场竞争中，高效能的团队能够更好地适应市场变化，快速响应客户需求，提供优质的产品和服务。

三是营造简单、干净、透明的职场氛围。倡导绩效观念，意味着同事间在讨论业务问题时，可以开放坦诚、直来直去，因为彼此之间存在基本的共识：大家都是为公司创业绩、谋发展，争论也只是对事不对人。这种简单的人际关系和干净的职场氛围可以让员工心无旁骛，专心于业务，从而创造更加优异的绩效。

基于以上原因，一局发展高度重视发展和强化绩效观念，具体表现为以下四个特征：

一是坚持以绩效评价为中心不动摇。绩效评价在本质上是市场逻辑，而一局发展是中国建筑企业当中最早拥抱市场逻辑的先锋之一。对于市场竞争，一局发展通时合变，甘之若饴。所以一局发展的全部经营管理活动都是在绩效评价原则上加以组织的，避免绩效以外的因素干扰员工评价。

二是以奖励高绩效激发全体员工职业荣誉感。一局发展通过公开奖励优秀员工激发全体员工的职业荣誉感，其中的典型案例就是对项目职业经理人的公开奖励。一局发展对员工设置了诸多奖项，但在公司年会上获奖场面最为隆重、最具荣誉感的莫过于为项目职业经理人设置的杰出、卓越、功勋和终身成就职业经理人四个级别奖项。这四个奖项的获奖人不仅会在当天披红挂彩，收获鲜花和掌声，成为年会的中心和焦点人物，还会获得现金和荣誉上的奖励。以最高级别的终身成就职业经理人为例，公司授予"终身成就职业经理人"荣誉称号并颁发证书，授予金质奖牌，给予现金奖励，并给予终身"高级项目总监"称号，可受邀参加公司高管务虚会，并可经授权代表公司出席相关重要活动。一局发展如此重视对于优秀员工的奖励，就是为了让所有员工看到，为公司建立功勋的绩效优秀者是所有员工的榜样，也是公司的珍宝，从而在企业内部形成光环效应，激发全体员工的职业荣誉感，使绩效观念更扎实，更稳固。

三是将绩效观念内化为员工价值观。绩效指标原本是对于员工的外在考核和约束，但长期以来员工坚持以绩效为中心开展工作，逐渐将绩效观念化为主动的自我约束。这在企业内部又被亲切地称为"要脸文化"。"要脸"就是要在工作当中尽职尽责，高标准、严要求，保证输出的品质。在一局发展内部还有这样的说法：对于自身工作的要求，不是60分万岁，也不是80分就好，甚至不是100分就算优秀，而是要达到120分，甚至150分，才能拍着胸脯说，我是一局发展人。这种"要脸文化"的产生标志着绩效观念在企业内部已经从外在要求内化为员工价值观。

四是用绩效观念筛选人才。当一局发展内部形成稳定的绩效观念之后，这种观念本身就成为人才筛选的标准之一。一局发展的绩效观念能够让新加入的员工在短时间内感受到自己究竟是否适合这家公司。这种基于观念的软性标准不断地把真正适合公司的人筛选出来，使得企业内部越来越具有文化上的向心力和凝聚力，极大地保障了一局发展在市场风浪中行稳致远。而且这些与企业的绩效观念深度融合的员工，自身也成为了绩效观念赖以生存的载体，不论性格如何，脾气如何，对于公司内部可能伤害绩效观念的行为，一概选择零容忍，主动保护绩效观念，使得绩效观念在代际之间传承。

绩效观念是适应改革开放以后市场化新环境的思想观念，为企业管理提供了科学的尺度，同时塑造了企业员工的行为。

3. 新时期：以"专业 可信赖"争创世界一流企业

进入新时期，一局发展开始探索将此前的精神、观念等文化雏形总结为系统的企业文化。这主要有两个目的：一是在对内管理层面，企业需要将此前积累的制度、习惯上升到文化层面，在硬性制度约束之外增强软性文化熏陶，以确保企业的战略意志顺利落地，同时增强企业员工凝聚力；二是在对外形象层面，企业需要在日益同质化的建筑行业中，找到自己的品牌文化标签，以提升企业的品牌辨识度。

2013 年，经过系统征集和多次讨论，一局发展在中建集团中建信条和中建一局先锋文化的指引下，在原有文化雏形的基础上，总结形成了一套结构清晰、内容完整的企业文化执行体系：以"专业 可信赖"为企业品格，明确企业价值取向；以"客户信赖、社会尊重、员工幸福、企业长青"为企业追求，以"房建工程总承包第一品牌，中国建筑五化建设排头兵"为企业目标，确定未来发展方向；以"拼搏、团结、创新、人本"为企业精神，坚定企业发展动力；以"公心、能力、韧性、亲和力"为职业经理人培养四则，以"用我们的承诺和智慧雕塑时代的艺术品"为质量方针，以"坚持人文精神，营造绿色建筑，追求社区、人居和环境的不断改善"为环境和职业健康安全方针，以"今天的质量是明天的市场，企业的信誉是无形的市场，用户的满意是永恒的市场"为市场理念，确保企业品格得以贯彻。这一企业文化执行体系是对企业历史的客观总结，也是对企业未来发展方向的明确指引。

作为企业文化的核心表述，"专业 可信赖"是市场和社会给予一局发展的评价，更是企业发展历史为每个一局发展人烙上的共同印记。

"专业"是指专业的人用专业的态度提供专业的服务，成就专业的企业。它既是企业和员工须共同奉行的行事准则，又是对工作的具体要求。

"专业"有三方面的含义：

第一，专业是公司的立业之基。建筑行业本质上是一个服务型产业，公司只有依靠为客户提供比其他人更专业的产品和更有价值的服务，才能赢得生存的空间，才更有机会获得客户的信赖，从而实现长久地占领市场，实现跨越式发展。

第二，专业是企业的工作标准。在工作上倡导"专家态度"，要求以严格遵循标准作为工作的起点，全力钻研，积极思考，创新解决问题的方法，讲求实战效果，追求精益求精。

第三，专业是企业对员工的要求。一方面，它要求员工始终注重自身能力的强化和升级，在工作中不断释放自身的潜能，成为本领域的专业人才。另一方面，它要求不同岗位的员工承担不同的责任，具备不同的专业能力：专业的领导干部，就要具备统筹全局的战略视角、凝聚集体的组织能力和勇挑重担的责任意识，带领团队不断进步；专业的员工，就要具备攻坚克难的专业能力、服从指挥的职业精神和完善细节的执行意识，为团队成长贡献力量。

而"可信赖"是指可信任和可依赖，它是企业和员工开展各项工作的目标和导向。

企业要成为可信赖的企业。第一，要做到让客户信赖，不断强化优质履约和创造价值的能力，以精品建筑回报客户；第二，要做到让员工信赖，持续打造培养人才和幸福员工的能力，以共同成长回报员工；第三，要做到让股东信赖，不断提升品牌形象和创效能力，以优异业绩回报股东；第四，要做到让社会信赖，不断提升服务民生和贡献社会的能力，以诚信担当回报社会。

一局发展人要成为可信赖的员工。第一，要做到让公司信赖，要以更好地完成任务为工作基点，持续铸造敬业奉献和拼搏进取的能力，做到对公司的尽心尽责；第二，要做到让合作者信赖，以更好地帮助合作者为工作方向，持续强化协调合作和主动负责的能力，做到与合作者荣辱共担。

"专业"与"可信赖"互为因果，互为补充。专业能力不仅是把事情做对的能力，还是把事情做好的能力，更是把事情做得让人放心的能力，只有具备专业的能力，才能让自己变得可信赖。但是，赢得信赖绝不是放弃底线，企业只有拒绝盲从，以专业为标准，坚守专家态度，提供有价值的服务，才能真正赢得尊重和信赖，才能最终实现共赢。

同时，"专业 可信赖"这一企业文化核心表述还具有以下三点特征：

一是注重整体性。"专业 可信赖"不是从企业管理的某一业务线或某一局部出发，而是从整体上对企业发展所需的根本品格加以概括。

二是注重对内管理和对外形象兼顾。"专业 可信赖"对内提升全体员工的专业素养和工作质量，为各方提供值得信赖的产品和服务；对外以专业的态度和服务能力，树立差异化的可信赖的品牌形象，做到了内外兼顾。

三是注重未来延展性。"专业 可信赖"具有较高的抽象化程度，能够容纳未来企业对自身和员工的新要求。无论建筑行业发生何种变化，都需要靠专业获得信赖，靠信赖赢得市场效益和社会尊重。

历史进入新时代，为了完成新时代的奋斗目标，党和国家对国资央企提出了两方面要求；一是要坚定不移地做强做优做大国有资本和国有企业，推动国有企业更好地履行政治责任、经济责任和社会责任；二是要完善中国特色现代企业制度，加快建设世界一流企业，并对建设世界一流企业提出了"产品卓越、品牌卓著、创新领先、治理现代"的十六字标准，为深化企业改革、加快建设世界一流企业指明了方向。为了贯彻党和国家的新要求，加快建设世界一流企业，一局发展与时俱进，对"专业 可信赖"作出了新的时代诠释。

图 4-1 "专业 可信赖"的新时代内涵

以创新领先定义建筑时代，党和国家信赖

一局发展始终站在建筑业改革发展前沿，以创新领先的姿态，定义和引领建筑时代，贯彻党和国家战略，获得党和国家信赖。

新中国成立初期，一局发展的创业前辈们是中国第一批工业建筑集群建设的领导者。改革开放初期，一局发展与国际先进企业合作，通过丽都饭店、中国国际贸易中心、北京燕莎中心等工程的建设，成为首都第一批承建大型外商投资项目的企业，并率先推行项目法施工，始终在中国建筑行业改革发展的前沿大步向前。20 世纪 90 年代，一局发展提出"用我们的承诺和智慧雕塑时代的艺术品"的质量方针，坚定不移走质量效益型的企业发展道路，在行业内率先推行全面质量管理，推出精品工程生产线；提出"二十四字"项目管理方针，正式确立"法人管项目"的组织模式，成为中国建筑业第一批探索践行现代管理范式的企业。新世纪，一局发展不断塑强技术、设计、信息化等领域力量，于 2002 年顺利就位房屋建筑特级资质，承建了国家游泳中心等展示中国形象的重要工程。同时开始进军国际市场，承建当时的欧洲第一高楼俄罗斯联邦大厦，以及当时中国企业在海外承建的最大房建项目巴哈马大型海岛度假村，向世界提供中国建造方案。

进入新时代，一局发展坚决贯彻高质量发展，加强企业治理，提高企业核心竞争力，服务于构建高水平社会主义市场经济体制；发展"双碳"、智慧建造和建筑工业化等创新业务，服务于建设现代化产业体系；推动乡村基础设施建设，服务于全面推进乡村振兴大局；聚焦国家区域发展战略，优化经营区域布局，成为城市发展合伙人，服务区域协调发展；在"一带一路"倡议下，推动中国建造、中国方案走向世界，服务于推进高水平对外开放。

回顾一局发展的企业历史，就是一部以创新领先定义建筑时代的历史。一局发展始终以创业的心态，致力于管理、业务、科技领域的持续升级，贯彻落实党和国家的发展战略，不负党和国家的高度信赖。

以卓越产品成就客户梦想，行业客户信赖

一局发展始终坚持"以客户为中心"的服务理念，以技术创新、管理优化、人才智慧等为支撑，为客户打造卓越产品，提供优质服务，成就客户梦想。

没有领先的技术就没有生存的余地，就无法实现客户充满挑战的梦想。一局发展致力于技术研发应用领域的持续创新。一局发展始终坚持技术攻坚，拥有国内先进的北斗测量技术、大型钢管混凝土结构超高泵送顶升关键技术、洁净厂房施工成套技术、绿色公共建筑环境与节能设计关键技术等，拥有差异化建造技术优势，荣获国家科技进步奖 5 项，中国土木工程詹天佑奖 12 项，打造了中国国际贸易中心、国家游泳中心、深圳平安金融中心等大批精品工程，获得客户高度评价。

一局发展还致力于为客户提供全生命周期、全产业链服务。在全生命周期服务方面，一局发展不断提升服务社会能力，为客户提供建

筑勘察设计、工程总承包管理、验收交接、保修运维的建筑全生命周期服务，真正具备使项目"交钥匙"的服务能力，为客户提供一系列量身定制的专业化服务，让客户实现"拎包入住"的体验。在全产业链服务方面，一局发展围绕城市建设进行产业布局和资源配置，推进产业链的前后延伸，具备全价值链的融投资服务能力、设计施工一体化的工程总承包能力。基于项目建设全产业链环节，打造核心服务能力，为客户提供一揽子解决方案，做创造超额价值的投资建设商、工程承包商、运营服务商。

一局发展还致力于发展多元、强大的产品线。一局发展全面塑强工程总承包（EPC）业务，开发超级厂房、数据中心、大型公建等领域的明星产品线，在业内拥有"全球高科技电子厂房首选承包商""中国IDC建设领域全产业链最优总承包商""基础设施全类型综合服务商"等精品名片。

正因拥有这些关键能力，一局发展才同中国国际贸易中心建立了三十多年的深厚友谊，才有了四次携手水立方的传奇经历，才获得了嘉里建设、京东方等重要客户的持续信赖，于合作中携手前行、互相成就。

以现代治理实现品质管理，股东员工信赖

提升治理能力是激活企业生命力的源头活水。一局发展始终坚持提升企业治理能力，推进品质管理，促进企业创效，提升员工福利，打造令股东和员工高度信赖的企业。

一局发展立足行业前沿，不断推动"法人管项目"组织模式的适应性进步。企业法人对于资源的集中，从早期的"人、财、物"扩大为对智力资源和数据资源的集中，探索建立数字化驱动下的新型"法人管项目"体制。企业法人对于授权对象的管理，也从法人对于项目

经理部的直管，发展为系统优化"总部－二级单位－项目（含项目公司、项目部）"三级企业管理体系，塑强总部战略统筹和专业引领能力，锻造二级单位基础运营管理能力，强化项目部专业施工管理能力，实现品质和规模的兼顾，提升企业综合效益。

一局发展通过持续的基础管理能力积累，打造并不断完善精细化经营体系。这一体系的目标是通过全员、全要素、全过程、全方位和全产业链精细化管理，实现业务与财务的同频共振，减少不必要的成本，提升管理品质，推动企业创效，保持竞争优势。

一局发展始终遵循"用我们的承诺和智慧雕塑时代的艺术品"的质量方针，坚持"过程精品"，落实"精品工程生产线"，以严格的品质管控筑就产品品质，多次获得中国建设工程鲁班奖、国家优质工程奖等国家级奖项。

一局发展全面推进员工福利保障体系，围绕"衣、食、住、行、学、乐"六大维度升级幸福场景，打造幸福空间，提高员工职场幸福感，关注员工的成长与发展，培养更专业、更自信、更具创造力的新时代企业员工，共同为企业的成功和持续发展贡献力量。

一局发展追求以现代企业治理能力提升品质管理，收获股东员工信赖，做受人尊敬的现代化企业。

以卓著品牌赢得全球声誉，国际社会信赖

为了加快建设世界一流企业的步伐，一局发展依靠一切从客户需求出发的服务态度和优异的工程品质，以企业的卓著品牌赢得全球声誉，获取国际社会的信赖。

埃及新行政首都 CBD 项目 P4 标段是一局发展开拓国际市场的经典案例。一局发展承建的项目为两栋 159.9 米高的办公楼，两栋办公楼通过高空钢结构连廊连接，被称为"中埃合作友谊之门"。高空钢结构

连廊重量大、跨度大、就位高。一局发展考虑到埃及的自然条件、施工水平以及成本等因素，综合评估后决定采用国内成熟的钢结构连廊整体提升施工技术，将钢构件在国内分段加工好后运到埃及，像"搭积木"一样在地面把各个单元拼接成整体，随后利用液压同步提升系统将连廊提升就位。项目高空钢结构连廊完成提升后，当地工程人员、合作单位和媒体纷纷前来参观，赞叹不已。

埃及新行政首都 CBD 项目 P4 标段的顺利履约使一局发展在埃及市场树立了卓著品牌，推动一局发展成功承建埃及阿拉曼新城超高综合体项目。

综上所述，"专业 可信赖"是一局发展在新时代变革中，为了成为世界一流企业凝聚的企业文化，它着眼于深耕创新、产品、管理和品牌，致力于获得党和国家、行业客户、股东员工以及国际社会的全方位信赖，并将企业的未来发展构筑在信赖的地基之上。

汉代学者董仲舒在《春秋繁露》中说："变用其变，常用于常，各止其科，非相妨也。"即变化有变化的用处，不变有不变的用处，各有各的用处，并不相互妨害。一局发展的企业文化更新正体现了"变用其变，常用于常"的结合。"变用其变"是指一局发展不断适应时代变化，坚守时代前沿，先后产生了"野战军精神""绩效观念"和"专业 可信赖"文化，体现了积极求变精神；"常用于常"是指一局发展作为国有企业，其性质和底色不会发生改变。国企必须承担政治责任、经济责任、社会责任，在追求经济利益的同时要贯彻国家战略，增进民生福祉。企业文化的因时而变都是这一底色在不同时代的践行。

第二节　企业文化的提炼能力

　　企业文化是在企业的生产经营实践中产生的，但它并不会自行凝聚为系统的文化体系，这一工作需要主动的人为介入来完成。一局发展的文化提炼能力可以概括为三个方面：一是对文化底色的创造性转化能力；二是在动态变化中回应主要矛盾的能力；三是对企业文化话语的概括能力。

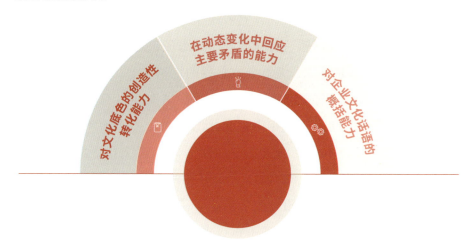

图 4-2　一局发展的企业文化提炼能力

1. 对文化底色的创造性转化能力

　　这里需要解释两个概念，一是文化底色，二是创造性转化。

　　如果企业文化是一个调色盘，那么在历史的源头处画上的第一笔色彩，就是企业的文化底色。文化底色代表企业的初心与精神内核。

即使企业文化进行动态更新，也不能抛弃企业的底色，否则可能导致企业文化失去源头和魂魄，最终丧失生命力。

"创造性转化"的内涵是重视现实与传统的连续性，通过对传统的再创造产生新事物，新事物与传统的关系是"辩证的连续"。因此，"创造性转化"就是要按照时代特点和要求，对传统中仍有借鉴价值的内涵和表现形式加以利用、扩充、改造和创造性的诠释，赋予其新的时代内涵，激活其生命力。比如现在讲中华民族的"家"文化，并不是要恢复封建家庭关系，而是重视家庭在维系社会稳定中的基础性作用，强调家族成员的和睦友爱以及美好家风的世代传承。在面对时代的变革和文化思潮时，企业需要保持对文化底色的尊重与延续，但也要对其进行创造性地转化，赋予其新的时代内涵。

什么是一局发展的文化底色？

2016 年全国国有企业党的建设工作会议指出："坚持党的领导、加强党的建设，是我国国有企业的光荣传统，是国有企业的'根'和'魂'，是我国国有企业的独特优势。"作为国有企业，一局发展以"野战军精神"为文化底色，其核心是忠诚和担当，这对于一局发展的长期稳定起着关键作用。

忠诚是一局发展文化的基石。忠诚是个人对企业的忠诚，也是企业对党和国家的忠诚。员工只有对企业保持忠诚，才能形成一个稳定、和谐的团队，共同面对各种挑战。企业只有对党和国家忠诚，将企业命运融入时代要求，才能把握发展趋势，取得长足进步。一局发展对党和国家的忠诚表现为，在经营和发展过程中，始终以党和国家利益为核心，践行党和国家的路线方针政策，积极履行社会责任，为中华民族伟大复兴作出贡献。

担当二字重于千钧，乃发展之要。担当意味着勇于承担责任，敢于担当困难和风险。在激烈的市场竞争中，一局发展需要具备强大的担当精神，主动适应变革、创新和发展的需求。员工应当有勇气面对挑战，勇于承担重任，不怕失败，勇往直前。有多大担当才能干多大事业。只有使担当精神深入到每个员工的心中，一局发展才能在市场中立于不败之地。同时，一局发展也理应勇于担当，激发起干事创业的昂扬斗志，切实肩负起国有企业做强做优做大的重任。

忠诚担当是一局发展对党忠诚、为国担当的理想信念。一局发展在党和国家事业大局的坐标系中找准自己的方位，把服务党和国家事业发展作为自身最重要的政治责任、最大的发展机遇，积极践行"六个力量"，在急难险重任务中发挥央企"压舱石""顶梁柱"作用。

上一节指出，"野战军精神"包含三方面的内涵：使命必达、干部模范和勇于创新。这三点经过创造性转化，在今天仍然支撑着一局发展的行稳致远。

"使命必达"在一局发展的创业初期指的是坚决响应党和国家的号召，以战天斗地的精神完成祖国的建设任务。随着一局发展对于工程品质要求的提升，对于工程管控标准的细化，"使命必达"又增加了新的内涵：在高质量发展的新时代，贯彻党和国家发展战略，落实党和国家对于建筑企业的新要求。在市场化环境中成就客户梦想，提供高于客户期待的价值。坚定推进国际化战略，与世界一流企业同台竞技，向世界提供中国建造方案。这就是对于"使命必达"的创造性转化。

"干部模范"在一局发展的创业初期指的是干部要与群众打成一片，并在生产中以身作则，勇当先锋。这在今天仍然是一局发展的领导干部对于自身的要求，并被加入了新的时代内涵：一局发展的领导干部要具备基层经验，了解基层情况，积极走访调研一线，获取一线信息。同时还需要保持对业务能力的修炼和对业务问题的敏感，在业务上以能力服众。这就是对于"干部模范"的创造性转化。

"勇于创新"在一局发展创业初期是指广大生产工人和技术人员承

担技术难题，进行技术攻关。今天的一局发展在创新领域上更加深入，在创新主体上更加多元。在创新领域上，一局发展深入研究高端建造技术，并横向拓展至与建造技术相关的定位与测绘技术等领域，如自主研发"北斗高精度卫星定位接收机""超长距离北斗高精度卫星定位接收机"等五款基于北斗系统的最前沿产品。在创新主体上，一局发展专门设置科技人员序列，对工程师和科研专家给予高度尊重；积极引入外部专家，如在2010年邀请香港知名机电专家加入机电设计工作室，将香港的技术模式进行本土性转化，建立了机电深化设计工作手册及机电深化设计制图技术标准；采用更趋精益化的科研力量组织方式，如成立技术中心，集成科研力量，推进科研协同。这就是一局发展对"勇于创新"的创造性转化。

综上所述，一局发展对于自身的文化底色表现出强大的创造性转化能力。这使得一局发展第一代创业前辈们的精神可以穿越70载的历史光阴，在日新月异的当代仍然朝气蓬勃，发枝散叶，为企业发展提供源源不断的精神养分。同时，这种创造性转化能力又使得一局发展对于自身的历史能够建构起连续性叙事，既保证传统不中断，又保证企业不守旧，实现了传承与创新的平衡。

2. 在动态变化中回应主要矛盾的能力

一局发展总是能够在历史的关键时刻，敏锐地识别当前的主要矛盾，并对其进行文化回应。这体现了一局发展所拥有的在动态变化中回应主要矛盾的能力。一局发展对这种能力的习得经历了"自在"和"自觉"两个层次："自在"层次是管理者根据业务需要和管理经验，在变化环境中针对各类局部具体问题进行文化调整；"自觉"层次则是在一局发展拥有一定的历史积淀和管理积累之后，结合自身发展历史和相关理论学说，主动界定自身所处的发展阶段，并根据这一阶段根本特点，进行全面系统性的文化建构，回应企业的主要矛盾。

美国学者伊查克·爱迪思（Ichak Adizes）的"企业生命周期"理论与这一能力密切相关。该理论将企业生命周期划分为孕育期、婴儿期、学步期、青春期、盛年期、稳定期、贵族期等十个阶段。结合这一理论，一局发展将自己目前经历的历程归纳为初创期、成长期和成熟期三个发展阶段。

初创期

初创期是一个企业的诞生时期，这一阶段由"企业生命周期"理论中的"婴儿期"和"学步期"构成。初创企业的经营者往往具有极大的创业热情和极强的创新精神，踌躇满志、活力十足，这是企业的发展优势。但这一时期的企业也要面对产品质量不稳定、收入不稳定、破产率高等经营难题，受此影响，创业团队很可能会因为人心动荡而分崩离析——如何聚拢人心、保证企业的存续，就成为了这一阶段的主要矛盾。

在初创期，企业应当提倡有利于"团结"的文化。具体来说，企业团队要形成统一的思维方式和行动原则，将公司整体紧密地团结在一起，步调一致、协调统一地度过"万事开头难"的初创时期。

一局发展的"野战军精神"，就发挥了这种"团结"功能。在新中国工业化之初，为祖国建设工业建筑的一局发展就处在企业的初创期。当时企业经验尚浅，且面临白手起家的艰难局面。"野战军精神"在企业创业初期团结人心，攻坚克难，迎难而上，用精神财富的充裕，弥补物质资本的不足，保证了重大任务的完成和企业的存续。

总之，白手起家的艰苦创业时代是一局发展的初创期。在这一时期，一局发展将建设祖国的任务和物质技术条件的匮乏之间的矛盾作为主要矛盾，并针对这一矛盾，以"野战军精神"积极聚拢人心，以精神意志克服物质技术条件的匮乏，完成了企业的初步积累。

成长期

成长期由"企业生命周期"理论中的"青春期"和"盛年期"组成。到了这一时期，企业及其产品拥有了一定的知名度，企业进入快速发展阶段。此时，企业的关注点逐渐从"如何存续"转变为"如何发展"——企业应当如何保持成长动力，实现持续增长，成为经营者面临的主要矛盾。

在成长期，企业应当重点培育具有"导向"功能的文化。具体而言，要为企业提供稳定的价值引导，帮助企业管理者设定目标和方向，鼓励、指引员工朝着这一方向不断努力，提升企业的市场竞争力。

改革开放以后，一局发展的"绩效观念"就发挥了"导向"功能。在市场化时代，只有追求绩效的企业才能够生存。一局发展的"绩效观念"坚持以绩效为中心不动摇，在公司内部培育了"以绩效论英雄"的氛围。企业员工在"绩效观念"的引领下，不仅将绩效作为组织考核自己的尺度，还将此作为衡量自身职业成就感的标准，从而产生了强大的自驱力。进而，"绩效观念"还在一局发展内部孕育出简单、透明、干净的职场文化。员工彼此之间坚持用业绩说话，拒绝"职场政治"。这种文化甚至反过来对企业内部人员进行选择和塑造。进入一局发展工作的员工，对于这种"绩效观念"，"适应则留，不适应则走"，保证了企业围绕绩效运转。

总之，改革开放以后的市场化竞争时代是一局发展的成长期。在这一时期，一局发展将自身的成长壮大和激烈的市场竞争之间的矛盾作为主要矛盾，并针对这一矛盾，以"绩效观念"确立企业的价值导向，树立企业的评价标准，塑造员工的行为。

成熟期

成熟期由"企业生命周期"理论中的"稳定期"和"贵族期"组成。这一时期的企业经过成长期的高速发展，往往会获得较高的行业地位和利润规模，但这也可能引发两种倾向：一是战略冒进，在自身并不熟悉也不擅长的领域过度投入；二是骄傲自满和因循怠惰，丧失奋斗精神。所以成熟期是企业最辉煌的时期，也是最危险的时期。在这一时期，企业的关注点需要从"如何发展"提升为"如何领先"，即怎样在瞬息万变的商业世界中保持优势、行稳致远。

企业在这一阶段需要培育具有"约束"和"激励"功能的企业文化，即约束企业的战略冒进，同时激励企业和员工的继续奋斗和主动创新。一局发展经过长期的探索和积累，也已经步入了自己的成熟期，而"专业 可信赖"文化正是在成熟期发挥其约束和激励功能的文化。"专业 可信赖"提醒企业要深耕自身专业领域，以专业态度致力于产品、品牌、管理和创新，有利于约束企业的战略冒进。同时，"专业 可信赖"激励员工提高自身标准，做专业的人，以专业态度，提供专业的服务，以专业赢得党和国家、客户、股东、国际社会的信赖，从而为员工树立了职业发展的更高要求，避免员工躺在功劳簿上，骄傲怠惰。

总之，高质量发展的新时代是一局发展的成熟期。 在这一时期，一局发展将自身对标世界一流的继续成长和战略冒进、骄傲自满等风险之间的矛盾作为主要矛盾，并针对这一矛盾确立了"专业 可信赖"文化，以"专业 可信赖"约束企业的战略冒进行为，激励企业员工的奋斗意志。"专业 可信赖"文化的系统性建构也意味着一局发展对于主要矛盾的识别和回应能力已经从"自在"层次上升到"自觉"层次，能够主动检视自身发展阶段，并因时制宜地培育企业文化。

这种在不同历史时期识别主要矛盾，并培育文化以回应主要矛盾

的能力是一局发展经过实践所习得的一项关键能力。未来一局发展的
企业文化仍将持续更新，这是源于一局发展始终冷静地观察时代和行
业，并在变化的历史中不断地寻找企业的发展坐标。

3. 对企业文化话语的概括能力

企业文化的话语概括，就是企业文化在语言上的凝练表达。要想
让企业文化获得有效传播，对企业文化的话语概括尤为重要。在全世
界范围内，著名的企业或组织无不拥有凝练的文化话语。比如中国移
动通信提出的"正德厚生，臻于至善"、海尔集团提出的"敬业报国，
追求卓越"、美国迪士尼公司提出的"给人类提供最好的娱乐方式"。

企业文化话语的要素

企业文化话语应当具备以下三个要素：

首先，企业文化话语要具备传统性。企业的文化话语不仅要立足
当下的现实，还要总结既往的历史，才能与自身的精神起源建立联系，
让企业员工尤其是见证过企业发展史的老员工信服。

其次，企业文化话语要具备时代性。企业文化话语代表着企业的
先进思想和先进经验，它必须能够代表当前时代的进步性，否则它在
提出之际就已经落后于时代，将很快地淹没在时代的浪潮中。一个能
够代表时代进步性的话语，可以调动广大员工全心全意地投身生产实
践，为实现企业新的目标而努力奋斗。

最后，企业文化话语还需具备整体性。企业文化话语不是某些人
或某些部门的个别意志，它代表的是企业领导集体和全体员工的整体
意志，是企业上下同心的象征，也是企业思想追求的具体体现。只有
具备整体性的企业文化话语，才能够让每一位员工都感同身受，体会

到自身与企业之间休戚与共，从而真正被企业文化话语感染和激励，以忘我的精神投身企业发展。

一局发展的企业文化话语是"专业 可信赖"，短短的五个字却具备了以上三点特征。它呼应了一局发展的历史，也回应了企业当下的追求，并给出了铿锵有力的答案。它是全体一局发展人回眸历史，立足当下，对企业和行业进行深入思考之后，从灵魂深处迸发的最强音。

企业文化话语概括的过程

一局发展的企业文化话语之所以可以做到精炼有力，是因为它的产生遵循了如下过程：

首先是"回头看"，也就是系统梳理企业文化的凝聚历程。一局发展对"野战军精神"的内涵"使命必达""干部模范"和"勇于创新"进行创造性转化，赋予了新的时代含义，同时保留了"绩效观念"中强调高效和激励的精髓，并结合当下实际，找到了"专业 可信赖"这一价值立足点。"专业 可信赖"这一文化话语既包含"野战军精神"的时代内涵，也将"绩效观念"转化为对于企业和员工的更为具体和直观的要求，从而回应了企业文化的凝聚历程。

其次是"向下看"，也就是寻找到企业文化话语的根基。文化的基础归根到底是人，一局发展的文化话语必须要能够反映全体一局发展人的本质特征。"专业 可信赖"既是对这一人才队伍的本质描述，也是对这一人才队伍提出的要求和寄予的厚望。

再次是"向四周看"，也就是综合分析行业，在行业中找到自身的坐标，并以企业文化话语对这一坐标进行回应。一局发展的"专业 可信赖"文化话语，在提出之初是为了在硬性制度约束之外增强软性文化熏陶，提升企业管理水平；更是为了在激烈的市场竞争中，强化自身的市场标签，提升企业的市场品格和认知度。随着建筑行业的发展和企业追求的升级，"专业 可信赖"这一文化话语的时代内涵也进行了相应调整，集中体现为回应世界一流企业"产品卓越，品牌卓著，创新领先，治理现代"的发展要求。

最后是"向未来看"，企业的文化话语应当具备相当的兼容性和延展性，为未来发展留足空间。一局发展无论将来在组织、管理和业态上发生何种变动，企业"专业"服务能力的根基不会改变，以"可信赖"赢得党和国家信任、行业客户信任、股东员工信任和国际社会信任的企业态度不会改变，所以"专业 可信赖"可以在变动的环境中不断被注入新的内涵和精神，长久地作为企业的核心文化话语，为一局发展的持续进步提供精神支撑和文化保证。

总之，一局发展的核心文化话语凝聚为"专业 可信赖"，这体现了一局发展对自身企业文化进行话语概括的突出能力。"专业 可信赖"是对自身过往历史的总结，体现了企业文化的传统性；"专业 可信赖"也是对当下重大行业课题的回应，体现了企业文化的时代性；"专业 可信赖"更是对一局发展所有员工共同心声的集中表达，体现了企业文化的整体性。一局发展对这一企业文化话语的提炼，走过了"回头看""向下看""向四周看"和"向未来看"的四个阶段的历程，同时兼顾了历史传统、发展根基、行业形势和未来展望，这些努力必将赋予"专业 可信赖"这一文化话语经久不衰的生命力。

第三节　企业文化的执行能力

企业文化是抽象的精神性存在，它不能停留在简单的话语呈现，而要让企业全体员工切身感受到它的存在，并按照它的指引来行动。因此，企业需要将企业文化"化虚为实"，这里的"实"指的就是企业文化执行体系。一局发展结合建筑行业特点和自身的发展历史，打造出了一套独具特色的企业文化执行路径。

从企业文化到企业文化执行路径，需要经历文化解释、文化引导和文化落地三个阶段。

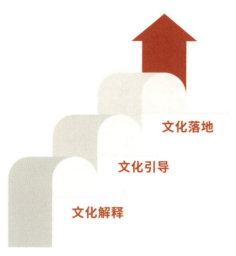

文化落地

文化引导

文化解释

图 4-3　企业文化执行路径

1. 文化解释：要解读，更要具象

文化解释包含两层含义，一是对于文化的解读，二是对于文化的具象化处理。对于文化的解读，是指企业文化话语是相对简洁凝练的表达，对于它的内在含义需要进行细致地解读，才能够让员工理解；而对于文化的具象化处理，是指将抽象的文化话语与企业员工的具体工作相结合，让员工能够根据自己的切身感受，对文化话语加深理解。

企业文化是通过对具体事物的抽象和提炼得来的，但在对企业文化落地执行之初，还要进行再具象的工作。这是因为任何个体对于文化的理解，往往都是从与自己的工作最紧密相关的具体事务开始的，而不是一步到位，直接领会简单凝练的文化话语。

宋代理学家朱熹曾经提出过"理一分殊"的思想，即天地间有一个终极真理，而这个理又在万事万物之中以不同的形态得以显现。为了形象地说明这一思想，朱熹还援引印度哲学"月映万川"这一意象。"月映万川"指的是天上只有一轮月亮，人间却有千万条江河，当月亮的影子映在江河中，虽然形态和色泽有所区别，但这千万条江河中的千万个月亮，却都是天上那一轮月亮的反映。

企业文化也是如此。对于一家企业来说，核心文化话语只是一个简单的表达，但要让这个表达在企业内部各部门、各业务条线当中都能引发共鸣，就需要将这些文化话语具象化为各种清晰可掌握的行为准则，以方便企业员工加强对这一文化的理解。

一局发展对于"专业 可信赖"这一核心话语的含义进行了细致地解读和具象化处理。"专业 可信赖"的四重内涵包括"以创新领先定义建筑时代，党和国家信赖""以卓越产品成就客户梦想，行业客户信赖""以现代治理实现品质管理，股东员工信赖""以卓著品牌赢得全球声誉，国际社会信赖"。

一局发展认识到，必须将这四重内涵具象为对应的员工行为准则，才能够让广大员工获得直观的理解。这四重内涵相对应的员工行为准则，就是"行业引领、客户中心、绩效价值、国际视野"。

行业引领，就是要求一局发展的员工和团队在管理理念、质量意识、建造水平、技术工艺等各方面保持引领，在激烈的市场竞争中勇立潮头。

客户中心，就是要求一局发展的员工和团队始终围绕客户需要，既要想客户之所想，也要想客户之所未想，提供科学方案、实现品质管理、交付高端建筑产品，为客户提供一体化全周期建造服务，以优质的现场履约，打开更加广阔的市场空间。

绩效价值，就是要求一局发展的员工和团队围绕效益增值和价值创造开展工作，为个人创造成绩、为企业创造效益、为社会创造价值。

这种创效贡献度，是由企业属性决定的，关系着企业长远发展的根本。

国际视野，就是要求一局发展的员工和团队应当具备国际化的纵深视野，了解国际建筑市场和其对服务能力的要求，并结合自身岗位职能要求，积极学习并掌握相关技能。同时关心国际社会，了解海外文化，在海外市场中迅速适应当地人文风俗和商业习惯，成为国际工程总承包企业中的世界公民。

以上就是一局发展对于"专业 可信赖"这一企业文化话语的解释。它既包含对于字面意思的解读，又包含对于企业文化的具象化处理，后者可以使企业员工在企业文化当中看到自己的影子，感受到企业文化与自己的直接对话，聆听到企业文化作为一局发展人的精神凝聚对自己发出的谆谆告诫。

2. 文化引导：干部当先，榜样带头

"文化引导"是指企业使员工认同企业文化内在要求的各项行为的总和。一局发展的文化引导主要依靠"领导干部以身作则"和"榜样人物示范作用"两种途径。

领导干部以身作则

《论语》有言："草上之风必偃"。这是说一种道德风尚或者说集体文化的形成依靠领导者的以身作则。**一种企业文化是否有公信力，首先取决于领导干部的一言一行。**

一局发展的领导干部在日常工作中也会以身作则贯彻企业文化。比如在非典时期的小汤山项目、2008 年汶川援建项目、新冠疫情时期的口罩厂建设项目和香港援建项目等多个重大、紧急项目中，公司的领导干部都是第一时间冲上前线，带领项目团队攻坚克难，用实际行

动展现一局发展的"专业 可信赖"。2023年8月中旬，连日暴雨导致北京发生洪涝灾害。一局发展响应国务院国资委和上级单位部署，积极参与门头沟河道清理任务。8月14日夜，一局发展临危受命，当即由公司副总经理担任应急指挥部总指挥，带领抢险救灾应急小组星夜赶赴工程现场。自8月14日夜间至8月18日，一局发展累计完成河道清理长度18公里，完成清淤2700方，清理砂石20600方，各类垃圾4000余吨，各类树木清运超过3000株，高质量完成全部清理作业，有力支援了防汛救灾和应急抢险工作，保卫了人民群众的生命财产安全。

领导干部在关键时刻的以身作则，是对企业文化的无声表率，可以使企业文化获得极大的说服力和感染力。

榜样人物示范作用

进行文化引导的另一条重要途径则是发挥榜样人物的示范作用。 在一局发展的历史上曾涌现出无数英雄模范和带头榜样，一局发展也一贯重视通过对榜样人物的表彰来发挥示范作用，吸引广大员工向榜样学习，在企业文化的感召下凝聚起来。早在20世纪60年代，为了响应国家"三线建设"号召，一局发展经历了八千里大转移，从东北转战西南。当时一局发展青年突击队负责兴建江油面粉厂，他们向上级保证：坚决完成任务，让江油人民早日吃上面粉。在施工中，瓦工青年突击队充分发挥"野战军精神"，大胆采用一师带一徒和两夹一带的砌砖法[①]，不仅解决了助手工不足的问题，还训练培养了多面手。在江油面粉厂工地召开的一局发展进川后首次质量现场会议上，公司重点表彰了勇于创新的瓦工青年突击队，使全体员工在新的天地进一步明确了"野战军精神"，为此后在大西南安家落户、建功立业打下了坚实基础。

---

① 在砌砖时两个瓦工掌握两边关键，中间夹上一个多面手，每砌三四匹砖，由瓦工检查纠正质量。

　　而在"绩效观念"时代，榜样人物的示范作用则体现为对以项目职业经理人为代表的模范人物的表彰，这在前文也曾提到。当时被评为优秀的项目职业经理人不仅会在获奖当天披红挂彩，还会获得现金和荣誉上的巨大奖励，甚至会成为年会的焦点人物。这些都是通过榜样人物的模范作用引导员工将企业文化内化为对自身要求的典型案例。

　　在新时代，为了顺应时代发展，实现企业长期领先，一局发展更加重视榜样人物的示范带头作用。一局发展的机电设计工作室成立于2011年，是一支以机电安装、绿色节能设计、智慧建造、能耗管理技术创新为突破口，服务于项目履约的高精尖科研技术团队。2020年1月10日，由一局发展、清华大学、北京市建筑设计研究院有限公司等单位共同完成的成果"绿色公共建筑环境与节能设计关键技术研究和应用"荣获国家科学技术进步二等奖。这是一局发展机电领域首次荣获该奖项，也是公司第五次斩获国家科技进步奖。同时，机电设计工作室研发出了冰蓄冷低温送风变风量的空调系统技术，先后在80余项国家重点工程中得到应用，为减少城市建筑能耗发挥重要作用。基于在技术领域的突出贡献，机电设计工作室获评"北京市级职工创新工作室"，工作室带头人也被授予了"巾帼先锋""巾帼建功标兵"等称号。对于机电设计工作室的表彰，在一局发展的全体员工中产生了巨大的影响，鼓励了更多的人员踊跃投身技术攻关、奋力创新在企业改革发展中，涌现出一大批榜样人物，他们勇当先锋、贡献力量，被授予全国五一劳动奖章、全国五一巾帼标兵、全国青年岗位能手等称号。

3. 文化落地：文化载体与文化语言习俗

　　再精致、再完善的企业文化，如果不能融入企业的日常经营，终究是纸上谈兵。谈及企业文化落地，一般都会谈到企业文化执行体系、企业奖惩制度、企业员工守则、企业培训体系、团建活动以及企业内部的文化视觉呈现等。在一局发展内部，这些都被视为常规的文化落地动作有条不紊地执行着。同时，一局发展对于企业文化的落地还有两个特别值得一提的经验：一是以项目职业经理人为文化载体，二是企业文化融入语言习俗。

以项目职业经理人为文化载体

在一局发展"专业 可信赖"文化执行体系中，除了提到企业追求、目标、方针等，还引人注目地单列了一条关于项目职业经理人的培养四则，即公心、能力、韧性和亲和力，这又被进一步延伸为项目职业经理人的"一心三力六得"[①]。为什么一局发展要在文化执行体系中单独列出项目职业经理人的培养原则呢？前文曾经多次强调，对于建筑企业而言，项目是企业的核心经营对象，项目职业经理人是项目的第一责任人，也是项目管理的核心成员，更是受到其他员工羡慕的职业阶段。项目职业经理人的思想行为，甚至言谈举止都能形成光环效应，带动和影响其他员工。同时，项目职业经理人也是企业中直接面对客户的服务者，他们的职业素养直接影响到企业的服务水准和外界评价。所以，项目职业经理人是贯彻和执行企业文化最重要的载体，是实现企业文化传承和传播的关键角色。

企业文化融入语言习俗

在一局发展的员工内部，企业文化往往体现为生动形象的语言习

---

① 项目职业经理人能力素质模型，由"一心""三力""六得"三部分组成："一心"指公心，主要包括四个方面：勤政清政自律、坚守企业利益、负责任敢担当、处事客观公正；"三力""六得"指"领导力""管控力""开拓力"，"管控力"细分为"夯得实基础""做得出亮点"，"领导力"细分为"带得了队伍""扛得住压力"，"开拓力"细分为"拓得开市场""拿得到项目"。

俗。所谓"语言习俗"指的是在特定环境中形成的口头用语以及与之紧密相连的表达习惯。例如各种谚语和俗语，都是典型的语言习俗。语言习俗的形成具有自发性，企业文化融入语言习俗，这意味着庄重而书面化的企业文化已经被企业员工广泛认同。

当谈及企业文化时，一局发展员工经常脱口而出一些生动形象的词汇，比如"要脸文化""靠谱文化""创效文化""池子文化"。不同的员工对这些词汇的解释虽有差异，但实质内涵大体一致，都是"专业 可信赖"内涵在不同方面的表现：

要脸文化，在前文有所提及，"要脸"代表一种内心的被观看感和自我约束，一局发展人一旦肩负起任务，就会以120%甚至150%的努力去完成。如果未能完成任务，自己的"脸面"也会受损。

靠谱文化，指的是承诺的事有交代，约定的事有回音，被安排的事有结果。

创效文化，指的是全体员工都要以为企业创造效益为荣，将效益作为工作的核心目标。

池子文化，在一局发展的领导集体身上体现得尤为显著。一局发展的领导集体将企业视为一个不断蓄积的水池，每一位领导都会主动思考自己能够为池子增添怎样的活水。这里的活水指的不仅是资金、市场规模等物质层面的业绩，更是企业的能力。

这些语言习俗是超越物质激励和规则奖罚的文化体现，它不是公司的奖惩制度与企业员工的对话，而是企业员工与自己内心的对话。哲学家康德曾经说过，一个人要遵循两件东西，一是头顶的星空，二是内心的道德律令。一局发展的员工正是将企业文化内化为自我的道德约束，让企业文化获得了长久的生命力。

企业文化融入语言习俗体现了文化的活力。一局发展的企业文化正是在融入全体员工的语言习俗以后真正在企业内部落地生根。

　　总之，以项目职业经理人为企业文化的载体，以及企业文化融入语言习俗，这是一局发展在企业文化落地实践中的两个独到创见。

　　本章讲述了一局发展的文化构建能力，一局发展的企业文化以追求为导向，经历了"野战军精神""绩效观念"和"专业 可信赖"文化三个阶段的凝聚历程。在这个历程中，一局发展培育出自身独特的文化构建能力，具体包括文化提炼能力和文化执行能力。在文化提炼方面，一局发展拥有基于企业文化底色进行创造性转化的能力，对创业之初的"野战军精神"加以创造性转化，使其在今天仍为企业提供精神支撑。同时，一局发展还拥有在历史中回应主要矛盾的能力，这来自一局发展对于企业的生命周期具有深刻的洞察，并能够准确地识别自身的历史坐标。在这一坐标的指引下，一局发展通过"回头看""向下看""向四周看""向未来看"，将自身的企业文化提炼为兼顾历史传统、发展根基、行业动态和未来趋势的凝练话语。而在企业文化的执行能力上，一局发展通过文化解读和具象化处理进行文化解释，通过领导干部以身作则和榜样人物示范作用进行文化引导，通过以项目职业经理人为文化载体，以及将企业文化融入语言习俗推进文化落地。企业文化的构建绝非易事，它需要对历史的深刻体验和审慎的判断力，一局发展基于自身历史经验培养出来的文化构建能力，还将为企业的深耕厚植提供丰厚土壤。

第五章

价值创造能力：
以价值主张为轴的延伸

什么是企业的立身之本？一局发展对此有非常明晰的认识：为客户创造价值。一局发展在客户价值上主张"致力于人类生产生活空间的全面进步"，并以此为轴，延伸出包括质量价值、安全价值和时间价值的普遍价值，以及包括科技价值、运维价值和品牌价值的定制化价值。

第一节　以价值主张为轴

本节主要讨论一局发展的价值主张，首先我们需要明确一家企业为何需要价值主张，其次还将介绍一局发展的价值主张。

1. 从客户视角出发的企业价值主张

"企业价值主张"指的是企业对于自身为客户和社会提供的各类价值的概括性表述。它是企业为客户创造的一切具体价值所围绕的根本定位，也是企业对自身在社会和经济发展中的根本任务的界定。

伟大的企业应当拥有自己的价值主张。当然，很多企业在创始之初，都是以存活为第一目标，首先追求的是利润。当企业规模逐步扩大，企业业务逐步多元，企业管理条线逐步复杂，企业品牌体系逐步丰富之后，企业就必须要思考自己的价值主张，一家企业如果没有价值主张，会陷入以下三种危机：

第一，企业战略混乱。企业的战略应当围绕企业价值主张加以展开，没有价值主张做指南针，企业就无法明确自身定位，在选择做什么与不做什么的问题上，无法保持清醒的头脑，最终体现为战略混乱。

第二，企业品牌认知度低。企业价值主张是品牌定位的基础，著名品牌总是和脍炙人口的价值主张联系在一起，比如麦当劳的"更多选择，更多欢笑"，苹果公司的"追求简单，易用，有效的产品"，缺乏价值主张则会导致企业品牌认知模糊。

第三，企业缺乏核心竞争力。核心竞争力，就是实现和贯彻价值主张的能力。如果一家企业连自己的价值主张都不明确，也就无从知晓该发展哪方面的核心竞争力，最终导致企业面临发展上限。

第四，企业陷入自大傲慢，丧失客户视角。企业的价值主张是从客户视角出发的价值，而非从自身视角出发。如果一家企业不具备自身的价值主张，意味着这家企业没有主动地从客户视角出发来思考自身发展，这将导致企业变得傲慢，从而丧失客户和市场。比如，人人都渴望在日常生活触手可及的地方，摆放品质一流的家庭日化产品，这是提升生活品质的关键要素。宝洁奉行"生产和提供世界一流产品，以美化消费者的生活"的价值主张，正是致力于为客户提供价值。[1] 所以，企业价值主张不是企业一厢情愿的空想，而是企业真正立足客户实际，针对客户的痛点需求，从自身主营业务出发，逐渐建立的价值。[2]

那么一局发展的价值主张是什么呢？

---

[1] 宝洁公司（Procter&Gamble）是拥有清晰价值主张的典型案例。宝洁成立于1837年，原本是一家制作蜡烛和肥皂的公司，时至今日，宝洁的产品线已经扩张到综合家用日化市场，旗下拥有 OLAY、SK-II、汰渍、佳洁士、海飞丝、舒肤佳、吉列等一系列家喻户晓的品牌。尽管宝洁的业务范围如此之广，但是人们对宝洁的认知一直是清晰的，这正是缘自宝洁一直坚守自身价值主张，即"生产和提供世界一流的产品，以美化消费者的生活"，并以其价值主张统率旗下所有品牌和产品。这是宝洁能够在不到200年的时间内发展为世界500强和世界最大日用消费品公司之一的重要原因。

[2] 华为从通信设备业务起家，针对客户痛点，发展出以手机、移动宽带终端、家庭终端等为代表的消费者业务；以5G核心网、无线宽带等为代表的运营商业务；以云服务器、存储器等为代表的企业级业务；以及为解决以上业务痛点而发展出的芯片业务。这些业务并非基于企业自身的想象，而是以客户为中心，自然生长的结果。今天，华为已成为全球领先的信息与通信技术（ICT）解决方案供应商，致力于构建万物互联的智能世界，这就是其为客户提供的价值主张。这种价值主张的生成，是从客户视角出发进行深度思考与实践的结果。

2. 致力于人类生产生活空间的全面进步

前文提到企业的价值主张，必须从客户视角出发，而非从自身视角出发。一局发展主张"致力于人类生产生活空间的全面进步"。这同样是从客户视角出发，进行深度思考与实践的结果。这里的"深度"，一是指从第一性原理出发，从根本上思考客户的需求；二是指提供足够的包容性和延展性，从而容纳客户的发散性需求和未来需求。

建筑行业的"第一性原理"

"第一性原理"（First-Principles）原本是物理学定律，因为埃隆·马斯克（Elon Musk）对其的推崇使其闻名于商业界。埃隆·马斯克认为，"第一性原理"是一种回归事情本质的思维框架。埃隆·马斯克在电动汽车和可回收运载火箭领域的创业都运用了"第一性原理"。[①]

建筑业拥有数千年的悠久历史，甚至可以说与人类文明同步产生。在漫长的发展历程中，建筑行业积累了极其丰富的经验、方法、技术和工艺。当我们讨论一局发展的价值主张时，需要在对这些历史积累给予充分尊重的前提下，尝试使用"第一性原理"追溯其历史源头，找出其背后本质。经由这一思维过程而获得的成果就是："致力于人类生产生活空间的全面进步"。

建筑与人类生活空间的进步息息相关。在中华文明早期的英雄史

---

① 在可回收运载火箭领域，埃隆·马斯克运用"第一性原理"指出，制造运载火箭所需的原料费用其实并不特别高昂。火箭价格的昂贵，一是因为在制造过程中层层分包，二是因为火箭本身不可回收，因此抬高了成本。所以，埃隆·马斯克主要采取了两项举措：一是直接向原料市场进行采购，并尽可能自主生产火箭部件；二是研究火箭的可回收技术，使运载火箭变得更廉价。

观中，发明并倡导"结巢而居"的有巢氏，被视为中华民族的人文始祖。有巢氏享有如此高的历史地位，便是由于巢居作为人类生活建筑的早期形式，给人类生活空间带来巨大进步，大大助推了人类的生存和繁衍。建筑业的发展，持续改善着人类的生活空间。时至今日，拥有齐全生活设施的现代住宅已成为人类居住空间的典型代表。

为人类提供生产空间也是建筑的重要功能。在农业社会中，人类主要的生产场域是户外的农田和草场，生产类建筑仅限于店铺作坊等；工业化时代到来以后，工厂成为重要的生产空间，见证了人类物质文明的飞速进步；知识经济兴起之后，各种造型美观、设施齐全的商业楼宇，则成为生产空间的主要形式。

所以，建筑行业的发展史，就是人类生产生活空间的发展史。一局发展的价值主张为"致力于人类生产生活空间的全面进步"。所谓"全面"，一是指服务于建筑全生命周期，二是指服务于建筑业全产业链。服务于建筑全生命周期是指一局发展不仅致力于建筑工程品质的持续改进，还提供建造前期的设计与深化设计，以及工程交付以后的调试、运维与运营服务等。服务于建筑业全产业链是指一局发展主动向建筑业产业链上下游进发：在深刻洞察行业基础上，开展投资业务，运用自身资金优势，持续深耕商品住宅和政策性住房项目，形成成熟的房地产开发管理模式，并高效切入新型基础设施建设、新型城镇化建设、交通、水利等重大工程建设领域，服务于国土空间资源的综合利用。同时，一局发展积极开展运营业务，积极布局产业导入和城市运营服务，在产城运营、能源管理、新能源运营、智慧运营等多方面助力城市更新，做城市发展合伙人。

从客户视角出发进行深度思考

企业的价值主张必须从客户视角出发，而非从自身视角出发。一局发展将自身的价值主张定义为"致力于人类生产生活空间的全面进步"，是从客户视角出发，进行深度思考的结果。客户对于建筑和建筑相关服务的需求在本质上是对自身生产生活空间进步的需求。围绕这一需求，客户会产生并提出许多细化需求。一局发展本着从客户视角出发的态度，将这些需求视作必须完成的任务予以深入规划和大力发展，这就是一局发展进行业务布局和业务拓展的底层思维。

一局发展致力于人类生产生活空间的全面进步，这里的"全面"包含建筑全生命周期服务和建筑业全产业链服务两方面含义。一局发展对"全面"的追求源于企业对产品完整负责的理念，即完整地筑造建筑工程，并对建筑工程使用及运营责任全面。一局发展对待"产品"的态度，正如同艺术家对待"作品"的态度，致力于让产品成为时代的艺术品。

在建筑设计领域，一局发展为满足客户的设计需求，取得了长足的成就。建筑行业一直流传着一个说法："设计是建筑生命的源头"。作为施工业务的先导，设计能力不仅是公司软实力的体现，也是企业差异化竞争力的重要组成部分。一局发展始终高度重视设计工作，取得了不俗的成绩。1994年，一局发展即依靠自有设计能力完成了中国工商银行总部的建造工作；进入新时期，建筑行业的发展突飞猛进，一局发展未雨绸缪，陆续成立了建筑设计院及五大工作室；2016年，一局发展正式成立设计中心，下设深化设计院、建筑设计院、设计管理部三大部门，建立起完备的组织架构，业务包括建筑设计、深化设计、优化设计、设计咨询、设计管理等。2021年底，一局发展整合公司内部的EPC资源，成立了EPC管理部，为工程总承包业务提供系统性支撑。

得益于日积月累的设计能力和经验，一局发展参与了一系列重点工程的设计和建造，其中具有代表性的是北京环球影城主题公园。这是全球第六个、亚洲第三个、中国第一个环球影城主题公园。其中"未来水世界"园区是一局发展提供设计优化的经典案例。该园区观演区原设计为弧形现浇混凝土看台板，根据类似项目施工经验，该设计方案施工周期长，且施工质量控制难度大。一局发展依托工业化建筑领域的全产业链技术优势，提出"双踏步三折线看台板"方案，采用自主开发的 BIM 深化设计插件和预制看台板受力 – 配筋设计软件完成设计优化，优化建议获得客户高度认可。采用这一方案，项目团队 10 天即完成 158 块预制看台板的安装，安装精度超过了客户的要求。"未来水世界"园区提前 3 个月竣工验收，成为全园区第一个移交运营的主题园区，经济及社会效益显著提升。

调适和运维工作也是一局发展从客户需求中深挖的增值服务。对于客户来说，建筑交付只是建筑使用的起点。所以，对于"致力于人类生产生活空间的全面进步"的一局发展而言，交付工程并不是工作的终点，而是一个新的起点。企业不仅要造好建筑，同时还应该帮助业主做好调适和运维工作。作为国内最早具有 TAB 机电系统调适能力的总承包商，一局发展不仅组建了专业的机电工作室和运维服务团队，还拥有先进且齐全的调适仪器设备，具有丰富的调适经验。凭借"专业团队 + 专业设备 + 过硬经验"，一局发展在国内外多个项目中都成功实施了机电系统 TAB 调适及试运行服务。

比如国家游泳中心、北京中信大厦、巴哈马大型海岛度假村等优质项目的调适工作，都是由一局发展自有的调适和运维团队独立完成。在这一过程中，团队会为业主提供专业的调适与试运行保障服务，以及一系列的调适报告，真正提供项目"交钥匙"的服务，为客户提供"拎包入住"的舒适体验。

值得一提的是，一局发展提供的建筑全生命周期服务，其内部各环节之间是无缝衔接、浑然一体的。比如设计团队在投入设计之际，就会优先考虑施工的要求和条件，围绕对建筑的想象和把握进行深化设计，翻译成可以落地的施工语言，并交付给施工团队；施工团队也能够精准把握设计图纸中的细化要求和精妙之处，并通过有形的建筑将其一一变为现实；运维团队则在设计阶段就从项目运维的角度参与设计方案评估，提出优化方案，前置管理各类风险隐患，充分展现一局发展的组织协同能力。这种组织协同能力归根到底是源于一局发展完整地对建筑工程负责的追求。

一局发展在建筑业全产业链服务领域也是如此。无论是通过投资切入房地产开发和新型基础设施建设、新型城镇化建设，还是积极开展运营业务，积极布局产业导入和运营服务，做城市发展合伙人，其目的都在于满足人民对美好生活的向往，推动人民生产生活空间的持续进步。从人民利益出发，是从客户视角出发的更高层次。

一局发展的价值主张体现了企业基于"第一性原理"对行业进行深入洞察，以及从客户视角出发进行深度思考的成果。下一节开始，我们将阐述一局发展对这一价值主张的延伸，即一局发展为客户创造的具体价值。

第二节 普遍价值：价值主张的一级延伸

从一局发展的价值主张出发，首先可以延伸出为客户提供的普遍价值，它面向所有客户，存在于每一项工程之中。一局发展提供的普遍价值包括质量价值、安全价值和时间价值。

1. 质量价值：超越经济考量的质量追求

在本书第二章中，曾讨论过一局发展的质量方针。这是一局发展对自身的高标准、严要求，更是对客户的郑重承诺。一局发展提供给客户的质量价值可以用一句话概括：超越经济考量的质量追求。一局发展以艺术家雕塑艺术品的态度对待建筑产品，绝不因为经济考量牺牲质量标准。

这种质量价值又可以概括为以下四点：一是超前服务，深入了解客户的质量需求，并根据需求提出定制化的质量计划和品质策划，使客户安心；二是一次成优，不返工，没有质量成本浪费，让客户省心；三是目标管理，通过提供声誉附加值，给客户信心；四是长期共赢，建筑质量经得起时间考验，不以质量保修期为服务终点，使客户舒心。

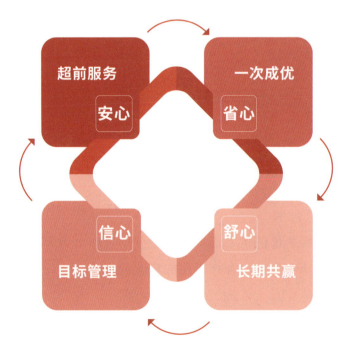

图 5-1 质量价值的四个维度

超前服务：深入了解客户的质量需求，让客户安心

质量需求在客户眼里是多元的，包括对建筑的整体想象以及各种细节的落实。为了让客户放心，一局发展需要在工程投标前就成为客户的知音，让客户深刻地感觉到一局发展凭借丰富的行业经验和阅历，能够洞察自己的质量需求。进而，一局发展还需要根据质量需求的具体情况以及特点，确定工程的总体质量目标和各阶段目标，为客户提供工程质量计划和品质策划，制定出各分部、分项工程质量保证措施，突出公司横向到边、纵向到底的质量管控架构，使客户充分认识公司的质量保证体系和保证能力，对工程质量放心。

经过日复一日、年复一年的项目实践，一局发展承建的项目已经覆盖全国主要区域。在争取新项目之际，发包方往往因参观了一局发展的项目，而对一局发展的质量管理放心，因为成果远胜于雄辩。

一次成优：不返工，质量为先，让客户省心

对客户而言，建筑返工不仅会推迟建筑交付日期，蒙受经济损失，还会引发系列负面影响，所以一局发展向客户郑重承诺：工程一次成优，不返工，质量为先，让客户省心。

一局发展能够给出这样的承诺，源于对公司"质量方针"和"精品工程生产线"的信心。

一局发展的质量方针是"用我们的承诺与智慧雕塑时代的艺术品"，在其指导下，一局发展的全体员工都具备质量为先的价值观。价值观是行为的先导，质量为先的价值观是精益求精的质量行为的前提和保证。

"精品工程生产线"的本质是对建筑生产过程分阶段精准控制。

基于"精品工程生产线"，一局发展不仅在建筑竣工的那一刻验证了工程的品质，而且在建筑施工中的每一个阶段都对生产进行严格管控和动态调整。一局发展对于工程品质的信心，来自对过程控制的信心。

目标管理：提供声誉附加值，给客户信心

中国经济进入高质量发展的新时代，企业声誉的重要性日益凸显。正如福诺布龙（Fombrun）所言，良好的声誉就是企业名片，它能吸引追随者，赢得社会的尊敬。而且，声誉作为无形资产，其漫长的培育过程使它具有竞争者难以模仿的特性，势必成为竞争优势的主要来源。[①]

对于客户而言，一个品质优越、质量超群的建筑也是客户自身品牌的彰显。获得中国建设工程鲁班奖（国家优质工程）就是对工程质量水平最高的褒奖。一局发展在目标管理上坚持高标准，始终把国家级奖项的相关要求作为企业各个项目对标的蓝本，在项目前期策划、中期履约、后期维保中，通过扎实可靠的质量管理，实现质量奖项的应收尽收，提升客户对工程品质的信心，为客户品牌赋能。

2022—2023 年度第一批中国建设工程鲁班奖公布，一局发展有五项工程入围，其中嘉兴市文化艺术中心项目榜上有名。嘉兴市住房和城乡建设局对这一国家级荣誉的获得予以高度评价，指出，该工程是嘉兴市迎接建党百年的标志性工程。本次上榜使嘉兴市秀洲区在该项荣誉上实现了零的突破，填补了秀洲区建筑领域"鲁班奖"的空白。

[①] 查尔斯·J.福诺布龙，西斯·B·M·范里尔. 2004. 声誉与财富. 郑亚卉，刘春霞译. 中国人民大学出版社.

长期共赢：建筑质量经得起时间考验，不以质量保修期为服务终点，使客户舒心

衡量一家建筑企业的水平，除了管理水平和工程品质，还有一项很重要的指标，那就是看这家企业拥有多少愿意长期合作共赢的客户，这是对建筑质量的终极考验。从长时段的角度来看，质量是物质对于时间的抵抗力。对于建筑而言，工程交付那一刻的质量评价固然重要，更重要的是质量能否经得起时间考验。客户之所以愿意与一局发展长期共赢，是因为一局发展为他们提供了历久弥坚的建筑艺术品，以及不以质量保修期为服务终点的保障服务。

早在 1996 年，一局发展就在业界率先成立了专注于售后服务和保修的"用户服务部"，专门解决项目竣工后的各类质量保修以及超出保修期的各类问题。例如，大连某著名高校的主教学楼工程由一局发展承建，按照国家相关法规规定，其装饰装修工程保修期为 2 年，但一局发展在保修期到期后仍然为该工程提供保修服务。正是这样全心全意的服务态度，使一局发展收获了长期共赢的客户名单：

1997 年至今，一局发展与清华大学通力合作近三十年，在时代浪潮中以彼此为伙伴，共筑清华大学百年会堂工程、清华大学学清路教工住宅（学清苑）工程、清华大学苏世民书院工程、清华大学北体育馆工程等 9 项精品工程。一局发展为百年基业添砖加瓦，助百载文化更增风华。

2010 年至今，一局发展助力大悦城控股集团开发了中粮大道一期 E 地块项目、中粮科技园标准厂房二期项目、北京火神庙改造项目等 11 项工程，引欢声笑语，聚灯火万家。

2013 年至今，一局发展已经与泰康保险集团旗下的泰康健投合作十载，累计建设项目二十余项。包括泰康之家·燕园、泰康之家·蜀园、泰康之家·申园、泰康之家·沈园、四川泰康西南医院等，作品星罗棋布，遍布全国。一局发展坚持"真诚合作，共同发展"的原则，凭借诚信与匠心，持续为老年人构建家园和舞台、为客户提供优质建设方案与服务。

1997 年至今，一局发展与嘉里建设有限公司已携手二十六载。北京嘉里、天津嘉里、沈阳嘉里、深圳嘉里……一座座巍峨的建筑背后，是一局发展用智慧和承诺雕刻的时代艺术品，镌刻着嘉里建设卓尔不群的理念与至臻至善的艺术追求。

2009 年至今，艰难困苦，玉汝于成，一局发展与京东方一道从荆棘之路开出一片坦途，筑就 30 余座 BOE 厂房，结束了中国大尺寸液晶面板全部依赖进口的局面，谱写了高科技电子厂房建设领域的一段佳话。

质量是对客户的承诺，客户是建筑工程质量的最终评判者。一局发展不但严格保证工程质量，而且通过建筑全生命周期服务赋予建筑鲜活生命力。客户与承包商长期合作，是对承包商最高的褒奖。这一份长期共赢的客户名单是一局发展为客户立下的"军令状"，也是客户授予一局发展的"军功章"。

2. 安全价值：安全是共同的追求

安全生产是民生大事，事关人民福祉，事关经济社会发展大局，一丝一毫不能放松。党的二十大报告指出：坚持安全第一、预防为主，建立大安全大应急框架，完善公共安全体系，推动公共安全治理模式向事前预防转型。推进安全生产风险专项整治，加强重点行业、重点领域安全监管。

建筑施工的安全生产关乎生命安全，也关乎客户的社会声誉。在安全问题上，客户和施工单位形成命运共同体。

保障安全生产，首先需要追问事故的根源。为什么在生产工艺和科学技术不断进步的今天，还会有安全事故发生？除了偶然因素，归根结底还是企业管理不到位。

在大部分事故中，都存在着安全管理不到位、各层级各岗位安全生产责任履职不到位等情况，建筑企业想要做好安全生产工作，就必须要建立起科学规范的安全管理体系，规范作业人员的行为，从根本上消除生产事故隐患，杜绝生产安全事故的发生。

一局发展在自身的发展规划中将"打造最具安全竞争力承包商"作为企业的安全发展目标。这背后是一局发展对于安全管理的长期坚持。自公司成立以来，一局发展高度重视安全管理工作，不断推进企业内部安全管理体系建设，并为中国建筑业的安全管理做出了突出贡献。例如，2012年，一局发展建立了国内首个安全体验馆，综合利用各种前沿技术模拟事故现场，让作业人员亲身体验安全事故的严重后果，突破传统模式体验不深、感受不真的局限，实现建筑行业安全教育水平的跨越式发展。2017年，一局发展率先试用机械设备第三方安全专项检查模式，规范制度流程，编制中建集团第一部机械设备第三方安全专项检查管理办法，逐渐建立起一条以安全隐患排查为基础、以人才队伍培养为助力、以岗位责任落实为根本、以管理体系提升为目标的具有企业特色的机械设备安全管理模式。该模式后来在中建一局进行全局推广。得益于先进的安全管理，一局发展在安全生产标准化工地创建工作中取得了耀眼成绩。截至2023年，公司共获得国家级安全生产标准化项目42项、省级安全生产标准化项目329项，这些高优安全奖项是对一局发展安全管理最好的证明。

经过不懈努力与持续积累，目前一局发展的安全管理可以概括为"一个核心，三大体系"的"安全生产1+3模型"。

图 5-2　安全生产 1+3 模型

一个核心：从根本上消除事故隐患

一局发展的安全管理工作始终围绕着"从根本上消除事故隐患"这一核心思想。

安全事故如何酿成？主流学术观点认为，"人的不安全行为和物的不安全状态"是导致事故发生的原因。1941 年，美国工程师海因里希（W. H. Heinrich）在《工业事故的预防》一书中提出了著名的"海因里希因果连锁论"①，这一理论从产生伊始就被广泛应用于安全生产工作中，被奉为安全生产的经典理论，对后来的安全生产产生了深远影响。

根据这一理论，建筑施工项目的安全管理重点应是防止施工现场人的不安全行为，消除物的不安全状态，中断事故的进程以避免事故

---

① 这一理论指出，事故发生不是一个孤立事件，而是一系列事件相继发生的结果。就像著名的多米诺骨牌一样，一旦第一张倒下，就会导致第二张、第三张乃至更多骨牌依次倒下，最终导致事故发生和相应的损失，因此这一理论又被称为多米诺骨牌理论（Domino Theory）。海因里希同时还指出，控制事故发生的可能性及减少伤害和损失的关键环节在于消除人的不安全行为和物的不安全状态。

发生。比如，施工现场要求每天开始工作前必须认真检查作业环境，并且保证施工人员处于安全的工作状态，正是这一原则在工程建设安全管理中的应用和体现。

一局发展吸收主流的安全生产理论及国家的安全生产要求，结合公司实际，将"从根本上消除事故隐患"作为企业安全管理的核心思想：安全管理工作要围绕从根本上消除事故隐患出发，做到事故零隐患，实现零事故的安全管理目标，即"从零出发，向零奋斗"。

三大体系：安全生产责任、安全风险防控、安全生产监督

一局发展建立了安全生产三大治理体系：

一是全员化的安全生产责任体系。一局发展按照"管业务必须管安全、管生产经营必须管安全"的原则，编制各层级安全生产责任清单和工作清单，同时建立科学规范的安全生产考核机制，形成全员履职、共同尽责的安全生产氛围。2008年，一局发展印发《安全生产专项考核奖惩办法》，设立安全生产专项考核基金，标志着公司实现安全生产定量考核和奖惩，引导各单位争先创优，推进全员积极履行自身安全生产责任，高标准执行公司安全生产管理要求，进而提高企业的安全管理水平。

二是科学化的安全风险防控体系。一局发展实行安全风险分级管控和隐患排查治理双重机制，前者是指通过对公司所有不同业务类型的安全风险开展风险辨识，制定安全风险清单，进行分级、分类管理和警示，制定防控措施，明确防控职责，及时跟踪检查，动态评估调整，确保安全风险始终处于受控状态，后者是指在此基础上，企业有效开展隐患排查和治理，实现双重预防，阻断事故链发展，以科学化体系降低风险防控对于安全管理人员个人水平和状态的依赖性，有效遏制事故发生。

三是规范化的安全生产监督体系。一局发展坚持监督对象全覆盖，具体包括业务条线的全覆盖和建造周期的全覆盖。同时企业还坚持监督形式规范化，具体包括专业的监督团队、完善的监督机制、精细的安全管理标准、严格的事故内部调查。这有效保证了生产的各条线、各环节都处于严格的安全监管之下，力求从根本上消除事故隐患。

在"1+3"模型的基础上，一局发展致力于建设系统化的安全生产文化，建立了一套包括安全能力培养、安全氛围营造、安全主题活动在内的安全生产文化建设措施，以此形成"我安全、你安全、安全在发展"的企业安全文化。安全能力培养的对象包括安全生产监督专业人员和企业全员。安全氛围营造的举措包括建设规范标准的施工现场、安全统一的办公区和温馨舒适的生活区，实现三区一体，并以此为媒介，积极宣传企业安全生产理念，营造浓厚的安全生产氛围。安全主题活动具体包括安全生产月、安全知识竞赛、安全大讲堂、百日安全无事故等，通过全员参与普及和强化安全意识。

一局发展的"安全生产1+3模型"，落实了党和国家关于安全生产的相关要求，借鉴了关于安全生产的主流理论，并结合一局发展自身的生产和实践经验，涵盖了安全生产的各个环节和各个方面，是一局发展严抓安全关，为客户提供安全价值的经验结晶，也是一局发展致力于成为"最具安全竞争力承包商"的底气所在。

3. 时间价值：管理时间，而非盗取时间

时间价值是一局发展为客户提供的又一重要价值。简单来说，就是一局发展可以在保障工程质量的前提下，有效缩短工期。对于客户来说，工程早日交付其实是额外的经济效益。为了给客户提供更多价值，一局发展积极修炼快速建造内功，并形成关于快速建造的一整套方法论。

一局发展的快速建造方法论体现为：通过设计优化、工艺优化、措施优化，组织优化，为各工序穿插施工创造作业面，提供作业条件，实现全空间、全专业、全过程穿插施工，从而消除作业面浪费（闲置）、时间浪费，保证工序衔接紧凑，资源均衡投入，全面提升建造效率，缩短总工期。

这套方法论的底层思想是统筹学。统筹学是在实现整体目标的全过程中施行统筹管理的理论，它可以应用于各种复杂的组织与流程管理。[①]

运用统筹学的方法，可以将一局发展的快速建造方法归纳为"两个统筹"：

一是对于任务资源的统筹，包括快速调集资源和合理分配资源。

二是对于任务界面的统筹，包括两个基本原则：开启一切可以开启的任务界面，避免一切可以避免的任务界面浪费。

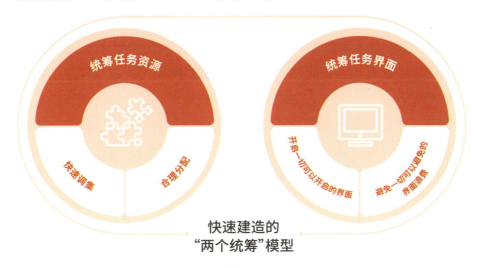

快速建造的
"两个统筹"模型

图 5-3

---

① "华罗庚烧水泡茶法"是统筹学的经典案例：想要泡壶茶喝。当时的情况是：开水没有；水壶要洗，茶壶、茶杯要洗；火已生了，茶叶也有了。接下来怎么办呢？最具效率的做法是：洗好水壶，灌上凉水，放在火上；在等待水开的时间里，洗茶壶、洗茶杯、拿茶叶；等水开了，泡茶喝。而其他做法都可能导致窝工。

在任务资源的统筹中，"快速调集"是指在开工之前高效调集建筑材料、劳务资源等生产资源，"合理分配"是指针对不同的施工作业面进行合理的资源配置。而在任务界面的统筹中"开启一切可以开启的界面"。主要是指通过工艺优化创造作业面，为各工序穿插施工提供作业条件。比如，要等一面墙的混凝土完全凝固了，才能开始刷墙的工序。自然凝固需要不少时间，就可以用早强剂让它早点凝固。"避免一切可以避免的界面浪费"主要是指消除作业面的浪费或闲置，四楼正在刮腻子，五楼已经刮好了，那就可以先在五楼开始贴墙纸，不必等到四楼刮完腻子再一起贴。此类操作的共同目的是确保同时进行多个彼此并行不悖的任务。

总之，快速建造体系是一种以统筹学为理论基础的、行之有效的建造方法，有助于缩短工期，为客户创造时间价值。一局发展的快速建造体系拥有以下独特优势：

一是技术和工艺过硬。早在2013年，一局发展便成立了BIM中心，大力发展、应用BIM技术[①]。通过BIM技术，项目团队在动工之前可以分析出合理的施工工序，生成对应的采购计划和财务分析列表，高效优化施工方案；提前发现设计和施工中的问题，对设计、预算、进度等问题及时更新，保证获得数据信息的一致性和准确性。这一应用加快了建造速度，避免施工错误导致的返工。

二是生产资源供应链能力强。企业可以在短时间内快速集中生产资源。这也是快速建造的必要前提。

三是组织能力强。一局发展拥有一大批责任心强、能力优秀的管

---

① BIM（Building Information Modeling）技术，就是一种应用于工程设计、建造、管理的数据化工具，通过对建筑的数据化、信息化模型整合，在项目策划、运行和维护的全生命周期过程中进行资料共享和传递，使工程技术人员对各种建筑信息作出正确理解和高效应对，为设计团队以及包括建筑、运营单位在内的各方建设主体提供协同工作的基础，在提高生产效率、节约成本和缩短工期方面发挥重要作用。

理人员，并且以法人管项目等现代管理模式为保障，有效实现生产过程严密组织，保证全穿插施工高速进行和各工序有效衔接。正因为如此，一局发展才可以将快速建造体系落实到位，构筑起自己的优势护城河。

四是熟悉各类细分市场。一局发展拥有各类细分市场的建造经验，对于各类建筑要求都能够给出精准的建造方案，因此可以做到对各类工程都合理安排流程、资源和工序，实现快速建造。这也是许多其他建筑企业难以企及的优势。

基于以上优势，一局发展拥有自身在产品线细分上的王牌，即高科技电子厂房业务。在高科技电子厂房建设中，客户会对建设速度提出极高要求。因为厂房早一天投产运营，都可能对"中国智造"产生重大推动。如何才能最大限度地提升建设效率，抢占先机？合肥京东方 10.5 代线项目给出了经典的答案。

2016 年 4 月，合肥京东方 10.5 代线项目正式开工，这是当年国内建筑面积最大的高科技电子厂房工程，建筑面积达到 128 万平方米，混凝土方量超过 100 万立方米、钢结构用量 3.7 万吨。项目团队克服了建筑体量大、施工工期紧、合肥 60 年一遇的高温暴雨恶劣天气等重重困难，实现 6 个月主体结构封顶，提前 35 天设备搬入。600 余个日夜，从 0 到 1，一局发展完美建成全球首条最高世代线——10.5 代薄膜晶体管液晶显示器件生产线。

项目团队基于厂房"短、平、快"的建造特点，应用厂房快速建造"三全模式"，全面提升建造效率。

一是全方位策划。项目团队组织项目工程、技术、商务等部门协同策划，对项目进行整体定位，确认一致目标。例如，商务部门根据技术部门提供的工艺流程和预估的现场用工量、机械设备用量等工作量，进行成本测算，确认最佳成本方案；同时，技术部门与商务部门对照施工方案与资源供应方案，实现人员、机械、材料的最佳周转，以保障项目最佳工期。

二是全组织协同。在施工流程组织方面，项目团队推行"5个24小时"施工管理节奏，通过精准的"人机料"协同管理，自项目开工到建造完毕始终保持混凝土24小时浇筑、塔吊24小时运转、物资材料24小时进场、后台24小时加工、分部分项工程24小时验收的高效施工模式，保障各项工期节点顺利实现；在全专业联动施工方面，作为工业厂房项目，涉及专业众多，主要参建方多达50余家，下游包商多达1500家，各工序穿插严密，工作面交接繁杂。项目团队组织"三个协同"，即单体建筑内各专业协同、各单体间作业协同、项目部与外部资源协同，保证快速实现项目整体建设目标。

三是全资源保障。在人才资源上，一局发展选配了一支专业实力过硬、建设经验丰富的项目团队，管理团队班子成员中100%具备厂房建造经验。后来，这支强大队伍中的众多成员成为一局发展高科技电子厂房四大事业部的核心骨干；在技术资源上，依托一局发展"法人管项目"的组织模式，通过总部平台和专业化能力为项目快速解决建造难题；在工程资源上，一局发展长期深耕厂房建造市场，经过考核、评价、淘汰等机制，已形成较为稳定、配合默契、分布全国的优质协力资源体系，拥有数千家稳定的核心专业分包分供商，资源结构涵盖土建、钢结构、机电、装修、幕墙、园林等各个专业，为快速建造提供了及时、优质的资源保障。

合肥京东方10.5代线项目的"三全模式"是一局发展快速建造方法"两个统筹"的集中体现。项目的顺利交付代表了一局发展为客户提供时间价值，在全国同类厂房建设中创造最快建成、最快投产纪录的同时，既保证质量，又屡屡技术创新。在质量方面，厂房荣获中国建设工程鲁班奖、中国钢结构金奖、中国安装之星等众多奖项。在技术创新方面，总结形成"主厂房屋面钢结构吊装"等自主创新技术 14 项，获得"一种用于洁净厂房的隔离防护装置"等国家专利 11 项，以智慧和汗水兑现了对京东方客户的承诺。

综上所述，一局发展为客户提供的普遍价值包括质量价值、安全价值和时间价值。质量价值包括：超前服务，使客户安心；一次成优，让客户省心；目标管理，给客户信心；长期共赢，使客户舒心。安全价值是指，安全是施工单位和客户的共同追求，一局发展落实党和国家关于安全生产的要求，推出"安全生产 1+3 模型"，保障施工安全。时间价值是指，一局发展通过落实快速建造体系，在保证工程质量的前提下缩短工期，实现速度、质量和效益的结合。

当然，一局发展在为客户创造这三大普遍价值的同时，也强调要为全社会创造价值，比如关怀劳务工人，保护自然环境等。这种对于客户、对于社会的高度责任感是一局发展能够行稳致远的重要精神动力。

第三节 定制化价值：价值主张的二级延伸

上一节讨论的普遍价值，是为完成建筑的基本功能而为客户提供的价值。这一节将讨论定制化价值，就是为完成特定客户的特定要求而致力于实现的价值。

1. 科技价值：实现客户的极限梦想

建筑代表着人类的梦想。中国有"危楼高百尺，手可摘星辰"的想象，西方有通天塔的传说，这都代表着人类想象力的极限。在现实中，那些超级工程和伟大建筑也凝聚着人类的想象力，但想象力的落地需要依靠科学技术。在那些造型奇特、功能多样的建筑背后，都有科技的力量做支撑。一局发展坚持从客户出发，致力于完成客户的极限梦想，为此积极开展科研攻关，攻克建筑施工中的科研难题。

主动承担最困难建筑项目的勇气

以科技成就客户极限梦想。一局发展响应这个任务的基础就是主动承担最困难建筑项目的勇气。人类的赞歌是勇气的赞歌，挑战极限的概念不止在运动中，建筑工程行业同样存在对"更高、更快、更强"的期待，挑战更高的高度成就摩天追求，实现更快的工期满足迫切需要，追求更强的工程强度响应现实需求。一局发展自东北的严寒中萌发，在全国各地的实践中成长，落成的一个个伟大工程背后都是对于建筑行业一个又一个困难项目的攻坚克难。

深圳平安金融中心就体现了一局发展的这种勇气。该建筑不仅高度达到了惊人的 600 米，还创造了中国建筑的"七个建筑奇迹"。

一是超深基坑和最大人工挖孔桩。

深圳平安金融中心有深达 34 米的国内最深基坑和直径 8 米的世界最大人工挖孔桩。单根桩需要深入地下超过 60 米，直接嵌入岩石层，才能确保平安金融中心与地壳"长"成一体，让整个大楼稳如泰山。

周边复杂地质条件及临近地铁环境限制，均对施工提出了前所未有的挑战，经过调研和论证，一局发展实现了超大直径桩基成孔、超深基坑的毫米级变形控制。

二是超高高强混凝土泵送。

深圳平安金融中心在建造中需要将强度最高的混凝土一次泵送到

586 米的高空作业面。打个比方，用吸管可以很轻松地把水吸到嘴里，但如果把水换成黏稠的糯米浆，把吸管加长到 586 米呢？深圳平安金融中心采用顶级的混凝土泵送技术，轻松地将几十万立方米最高强度的混凝土输送到云端。

2015 年 7 月，在深圳平安金融中心项目进行了全球首次混凝土千米泵送试验，成功将 C100 混凝土泵送到千米高空，标志着一局发展掌握了国际领先的千米摩天大楼核心施工技术和关键的数据资料，解决了世界级超高层建筑难题，具备了建造千米级高楼的技术力量。

三是超强承载力的巨柱。

深圳平安金融中心由 8 根巨柱支撑着重达 68 万吨的楼体，每根巨柱的抗压承载力都超过 10 万吨，可以轻松承载起一艘"辽宁号"航母的全部重量。

8 根巨柱为多腔体组合截面，复杂的截面形式、超厚板、高等级钢材、超长焊缝加上巨柱多种分段形式，为现场安装焊接施工及其质量控制带来很大难度。综合考虑现场吊装及焊接便利、构件重量、运输能力、构件尺寸等因素，对巨柱采用多种分段方式并用，采用多项焊接变形控制措施，保证安装及焊接的精度。

四是超高层多层次立体全方位防护。

从 600 米高空掉落的一粒小石子杀伤力不亚于一颗子弹；地面上的一点微风，在 600 米的高空都可能变成 6 级以上的大风。深圳平安金融中心设置了沿竖向 7 个作业面的超高层立体安全防护体系，进行全方位无死角防护。研发施工安全 LCB 理论及技术体系荣获广东省科技进步一等奖。

五是民用建筑领域的最大塔吊。

深圳平安金融中心有着中国最密集的高空群塔作业，在 30 米 × 30

米区间内布置了4台国内目前最大吊重（100吨）的动臂塔吊，为民用建筑领域最大型号。平安的塔吊与普通工程的塔吊最大的不同在于：普通塔吊是立在地面的，平安的塔吊却像蜘蛛侠一样攀附在大楼主体上，还会随着大楼的高度一起攀升；平安的塔吊是国内仅有的特制加强版，能抵抗60米/秒大风和6级地震，独立高度根据结构特点由56米增加至64米，最大限度满足施工需要，为国内首创。

六是北斗测量技术首次在超高层施工中应用。

在深圳平安金融中心的施工中，引入北斗卫星导航系统实现600米级超高精准测量，这是北斗测量技术首次应用在超高层施工中。自主研发的超高层北斗高精度卫星定位接收机具有抗干扰能力强、稳定性高等性能。可实现600米高度建筑平面误差2毫米，高程测距精度达到十五万分之一，为千米超高层建筑施工提供有力技术支撑。

七是超高层智能爬升模架平台。

从地下4层至顶层，深圳平安金融中心的巨柱和核心筒均采用爬模施工，总高度达到573.2米，是国内结构爬升最高的爬升模板体系。智能爬升模架采用整体吊装，安装时间仅15天；利用模架灵活多变的特点，合理划分流水段，施工速度最快达到2.5天/层；爬升模架平台在使用期内经历了13次台风，最大风力13级（40米/秒），保障施工安全可靠。

深圳平安金融中心的建成展现了一局发展人主动承担最难项目、创造科技价值的勇气。就具体的科研攻关活动而言，一局发展内部存在三种驱动科研创新的动力：一是根据国家战略，进行前瞻规划；二是根据客户需求，开展渐进孵化；三是激发员工活力，鼓励自主创新。

图 5-4　科研创新的三环驱动

根据国家战略，进行前瞻规划

这是一局发展进行科研创新的第一种路径。以国家战略为根据开展研究规划，既是央企的使命，也符合市场规律，因为国家战略本身就是对市场动态的前瞻性判断。

一局发展对于"双碳"业务的追求，就体现了这一路径。实现"碳达峰、碳中和"是贯彻新发展理念、构建新发展格局、推动高质量发展的内在要求，是党中央统筹国内国际两个大局作出的重大战略决策。

党的十八大以来，我国把绿色低碳和节能减排摆在了突出位置，能源利用效率大幅提升，二氧化碳排放强度持续下降，正奋力书写高质量发展绿色答卷。

为了落实党和国家的战略，一局发展将"双碳"业务列为企业重点发展的创新业务之一，高效制冷机房业务便是其中的代表。

高效制冷机房技术在美国、新加坡等地发展较早，与常规机房相比，高效制冷机房能够节约用电量 40% 以上。根据测算，如果在空调能耗占比 25% 的公共建筑中推广应用高效制冷机房系统技术，预计每年可减少排放二氧化碳 0.18 亿吨，减碳效益显著。为此，一局发展大力推动高效制冷机房"设计 + 采购 + 施工 + 调适 + 能耗管理"的全生命周期服务，不仅为客户提供了更可靠、更安全、更经济的高效制冷环境，同时也响应了国家政策，为实现"双碳"贡献力量。

不仅如此，一局发展于 2023 年 1 月正式揭牌成立"低能耗技术创新工作室"，针对建筑产品开展绿色设计、环保建造、节能运维管理等全生命周期的创新研发。从这一举措不难看出，一局发展在未来会继续走科技创新、绿色低碳的高质量发展道路，加速建筑业绿色低碳转型升级，助力"双碳"目标实现。这些举措作为对国家战略的积极响应，势必会给广大建筑企业带来启发与示范。

根据客户需求，开展渐进孵化

一局发展坚持从客户出发，为客户创造价值。在科技领域，一局发展捕捉市场和客户的最新需求，凭借完备的科技研发体系，为客户提供更优质的服务。比如一局发展内部的钢结构与建筑工业化部以及设计中心内部的工业化建筑工作室，其发展起点就是 2010 年的北京中粮万科长阳半岛项目。

建筑工业化，是一种以现代化的制造、运输、安装和科学管理的方式，代替传统建筑业中分散、低水平、低效率的手工业生产方式的新型生产方式，主要标志是建筑设计标准化、构配件生产工厂化，施工机械化和组织管理科学化。其中，装配式建筑是建筑工业化的典型代表，其关键在于大量使用建筑预制件。2010 年，一局发展与中粮万科合作，在位于北京市房山区的长阳镇启动了长阳半岛项目，揭开了我国新型建筑工业化的序幕，建立了至今仍然普遍使用的装配式剪力墙住宅技术体系。当时，项目各方均首次涉足此领域，面对挑战，一局发展勇于担当，成立了建筑工业化科研小组，决心攻克难题。经过不懈努力，长阳半岛项目圆满竣工，荣获国内住宅类科技含量最高的詹天佑住宅小区金奖、中施企协科学技术进步一等奖等多项国内建筑类大奖。这个项目是一局发展在我国新型建筑工业化道路上树立的里程碑，引领了我国建筑业的发展。

从最初的建筑工业化科研小组，到如今的工业化建筑工作室，一局发展在建筑工业化的道路上不断迈进。2015 年，工业化建筑工作室在五和万科长阳天地项目中研发了预制率达到 55% 的装配式剪力墙结构，至今仍是我国预制率最高的装配式住宅。

如今，工业化建筑工作室已经发展成为一局发展建筑工业化全产业链的关键一环，这一切的成就源于当年的北京中粮万科长阳半岛项目，源于客户对一局发展的期待。这就是"根据客户需求，开展渐进孵化"的科技进步路径。

激发员工活力，鼓励自主创新

科研创新最终要靠人来实现。要做好创新就需要激发科研工作者的活力。一局发展时刻不忘激发员工活力，鼓励自主创新。企业的技术中心每年都会鼓励员工自主申报课题，并对课题进行审核评比，选择其中的优秀者给予科研扶持。同时一局发展尊重科研的超前性。申报课题中，某些课题并非客户当下的迫切需要，但只要公司层面认为这些课题有社会价值，而且从长期来看，可能为客户提供科技价值，就会将这些课题纳入扶持。

比如在 2021 年，一局发展的某位员工提交了名为《施工现场建筑垃圾的减量控制》的课题，公司审核后认为，这一课题虽然并非客户的急需，但具有相当的社会价值，并可能在长时间尺度上转化为客户价值，最终决定对这一课题进行科研扶持。这种对于建筑垃圾管理的关注，具有相当的前瞻性。2022 年，一局发展在北京市通州区落地了北京华封集芯先进封测基地项目"无废工地"试点，在推动"无废工地"过程中，《施工现场建筑垃圾的减量控制》课题的思想和举措得到了充分运用。

总之，一局发展坚持为客户提供科技价值，首先以主动承担最难项目的勇气为前提，以企业的科技进步路径为保障。科技进步路径又包括：一是根据国家战略，进行前瞻规划；二是根据客户需求，开展渐进孵化；三是激发员工活力，鼓励自主创新。在勇气和路径的引领下，一局发展还将持续为客户创造更大的科技价值，实现客户更为极限的梦想。

2. 运维价值：造好建筑，还要用好建筑

建筑运维是指对建筑物进行日常维护和管理的一系列活动和服务。一局发展将建筑运维分为体感需求、经济需求和定制需求三个层次：

体感需求是指建筑使用者能够凭借人体感官直接感知的需求，具体包括建筑内部的舒适度（主要通过供暖、通风、空调等系统提供）、美观性（如建筑内部及周围的绿化和景观维护）、清洁和卫生（包括地面清洁、垃圾处理、卫生间卫生维护等）以及安全性（监控建筑物的安全状况，制定并执行安全规章制度，进行安全巡查和隐患排查，确保建筑和人员的安全）。

经济需求是指建筑使用者出于经济性考量而产生的需求，即建筑

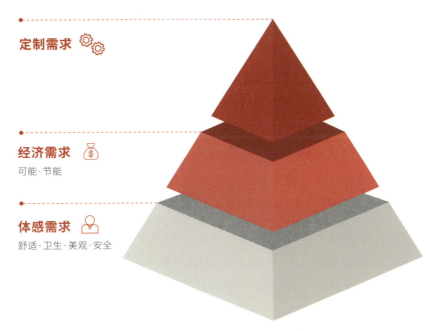

定制需求 ⚙️

经济需求 💰
可能·节能

体感需求 👤
舒适·卫生·美观·安全

图 5-5　建筑运维需求金字塔

内部设施正常运行，保障建筑使用者免于蒙受经济损失，同时降低设施的运行成本，具体包括内部设施的可靠性（对照明、消防系统、水电设施等进行科学调适和后期保养，并及时响应建筑内各种故障和紧急情况，进行维修和处理，保证建筑的正常运行），以及设施能耗的节省（对建筑能源的监测、分析和优化，提出节能减排的方案，并提供相关技术支持）。

定制需求是指建筑使用者出于某些特殊目的而产生的需求。一局发展本着为客户创造价值的态度，积极主动创造条件，去满足客户的各类定制需求。在这一点上，一局发展堪称建筑行业的"魔术师"。很多建筑展现出的外观魅力和神奇功能都是一局发展的杰作。比如北京丽泽 SOHO 的灯光秀就是由一局发展负责调试和维护的。

北京冬奥会冰壶比赛场馆"冰立方"项目则将一局发展的"魔术

师"风格表现得淋漓尽致。

"冰立方"是北京冬奥会中最早开赛的场馆，也是最早接受世界检验的场馆。它不负众望，受到国内外运动员盛赞。世界冰壶联合会主席凯特·凯斯尼斯曾称其为冬奥会历史上最棒的冰壶场馆。为了全面服务保障这场世界瞩目的冰雪盛会，一局发展组建了一支 64 人的保障团队，奋战在赛事保障一线，为向世界举办一场"简约、安全、精彩"的奥运盛会的郑重承诺保驾护航。

一局发展当时面临的难题有两个：

第一个难题是保持冰面状态。冰上运动对于冰面状态的要求很高，而冰壶是所有冬奥运动中对冰面质量要求最高、也是最为精细的运动项目。由于天气原因，2022 年 1 至 2 月的北京，室外露点可达到 −16℃ 左右，比赛大厅可达 −10℃ 左右，这比正式比赛冰面所需露点低了大概 6℃—8℃，在此前通过的历次测试中从未遇到。

难度虽大，头绪虽多，但一局发展抓住湿度、温度、露点三个关键变量，实现了冰面状态的保持。具体措施包括修改机组除湿控制程序，使除湿系统停止除湿动作，增加低温送风模式；通过场内加急人工喷雾和加湿器进行额外加湿；通过现场测试，保证露点达到稳定值。

2022 年 2 月 2 日，冬奥会冰壶比赛正式开赛，一局发展的保障团队将冰面中心露点稳定在 −2.2℃ 左右，维持了近乎完美的冰壶冰面状态。

第二个难题是保持场馆内比赛区和观众区的温差。

在传统冰壶场馆，为确保冰面质量，整个场馆的环境温度都会比较低，观众要穿着厚厚的羽绒服观赛。而"冰立方"是世界上第一个看台上的观众可以"轻装上阵"进行观赛的场馆，这是如何做到的呢？

一局发展的保障团队给改造后的冰立方实现了智能升级。根据需要在不同的点位设置了传感设备，通过室内高大空间温度的分区调控，最终实现冰壶场馆比赛大厅在任何热负荷条件下，冰壶赛道冰面温度

达到 –6.5℃—8.5℃或制冰师要求的冰温，冰面以上 1.5 米处温度保持在 10℃—12℃，看台温度 16℃—18℃，让运动员舒适比赛的同时，观众舒适观赛。

除此以外，一局发展的保障团队还负责场内建筑设施、赛场照明和各种控制系统的运营维护。

2022 年 2 月 4 日，冬奥会开幕式当晚，由于要配合开幕式倒计时环节的视觉效果，冰立方景观照明要在这一时段同步变化出"冰壶赛道"的效果。这个环节的最大难度便是"时间校准"。要让冰立方外立面"冰壶模式"的景观照明点亮时间，与冬奥会开幕式倒计时和烟火燃放时间保持同步，需要精确的时间计算。为此，一局发展的保障团队经过反复试验，最终校正好系统时间。当冬奥会开幕式 10 秒倒计时开始，来自全世界的目光都聚焦在这一激动人心的时刻，绚丽的冰立方景观灯光准时点亮，开幕式完美呈现。

平时默默修炼内功，关键时刻惊艳所有人，这就是一局发展的运维团队。他们以过硬的专业能力和全心全意的服务态度，持续为客户创造运维价值，给建筑注入生命和灵魂。

3. 品牌价值：为客户品牌赋能

党中央强调："加快建设一批产品卓越、品牌卓著、创新领先、治理现代的世界一流企业"。品牌是企业核心竞争力的重要组成部分，培育卓著品牌是企业迈向世界一流的必由之路。

品牌对于企业来说有多重要呢？可口可乐创始人曾表示，即使公司的厂房、资金、产品全部消失，但只要有品牌在，他就能够重新创造出可口可乐的辉煌。被称为广告教父的大卫·奥格威也曾说过："任何人都可以销售产品，但只有真正的天才能够创立全球性的品牌。"为什么品牌会有如此大的价值？因为品牌是企业发展的杠杆。具体来说，拥有了优质的品牌后，企业就会有更明显的市场优势，进而占据更多市场份额，获得更多利润。因此，企业要想发展壮大，就一定离不开对品牌的长期建设。这项工程虽然漫长且艰巨，但它所带来的回报是难以估量的。

一局发展不仅重视自身的品牌建设，而且以自身的品牌能力为客户品牌赋能，这表现在品牌形象和品牌传播两个方面。

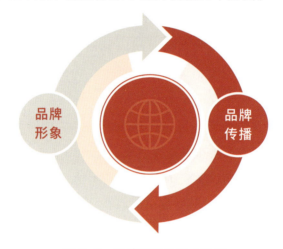

图 5-6　品牌赋能的两个维度

品牌形象

一局发展对于客户品牌形象的赋能体现为施工现场 CI（Corporate Identity）的设计，即企业形象识别。这背后的理论基础是查尔斯·莫里斯（Charles William Morris）的符号学理论。他认为符号是一种诱导人作出反应的刺激因素。具体来说，人通过符号发生联想，了解到符号所指代对象的特性，并对这一特性进行判断和评价。红灯停，绿灯行，就是最为常见和经典的符号系统。

一局发展是中国建筑业内最早一批推行施工现场 CI 系统的企业。

今天，大家熟悉的"CSCEC"标志和中建蓝，就是一局发展所属的中国建筑企业形象符号的组成部分。

工程建造过程中的形象是项目给予社会大众的第一印象，可以集中反映建造标准化水平和管理精细化水平，并让人在观感上获得愉悦，甚至影响潜在消费者偏好、赢得使用者信任。这就是作为施工方的一局发展对客户进行的品牌赋能。

除此之外，一局发展还会从施工现场的环境入手，通过工地减尘、降噪等措施，营造良好的工地环境，提升工程形象，为客户的品牌赋能，典型案例就是北京三里屯太古里亚洲最大全球苹果旗舰店改造项目。

北京繁华潮流地标——三里屯太古里商圈每日客流量巨大且环境复杂，该项目中商业建筑的改造紧邻运营空间，不仅施工难度大，而且对环保、安全要求极高。为确保改造区对运营区的"零影响"，一局发展的项目团队采用8米高围挡硬隔离、吸尘设备及雾炮装置，实现了运营区的"零扬尘"，同时根据客流量合理调整作业时间，实现了运营区的"低噪音"。一局发展还增设了临时水路旁通阀门、电气开关等设施，将改造区与运营区机电系统进行分割，确保场区原有消防系统、电气系统、安防系统的正常使用。项目改造全程做到市民游客"零投诉"、客户百分之百满意，有力维护了客户的品牌形象和声誉。

品牌传播

一局发展可以为客户的品牌赋能，其根本原因是一局发展和客户在工程项目的口碑上属于命运共同体。在本章第一节，介绍过一局发展为浙江省嘉兴市秀洲区建造的嘉兴文化艺术中心。在项目建造之初，嘉兴市和秀洲区即对其寄予厚望。项目完成后一举斩获中国建筑领域最高奖鲁班奖，也使得秀洲区实现了鲁班奖的零突破。这不仅提升了当地的知名度，也获得了当地政府的认可与好评。同时因为该建筑独特的外形而被一局发展人称为"三叶花"，这一朗朗上口的名称也随即被当地政府采纳，成为了该建筑的别称。在今天，"三叶花"已经成为嘉兴市民对其的爱称，这是一局发展为客户品牌赋能的生动体现。

尤为值得一提的是，在改革开放40周年之际，一局发展还贡献出一组员工师徒档的故事，在国务院国资委和北京电视台联合制作的《放歌新时代——中央企业音乐作品特别节目》中登场亮相。在这组师徒档中，师父曾担任国贸三期A项目的总工程师，徒弟后来也担任国贸三期B项目总工程师一职，师徒二人都是超高层建筑和岩土领域的资深专家，除国贸工程外，还负责了深圳平安金融中心、天津环球金融中心等超高层建筑项目，成为一局发展的一段佳话。

在国贸工程的建设过程中，徒弟在师父的指导下，不断学习技术知识、攻克施工难点、总结超高层建筑经验。曾经的徒弟，在技术方案中，从错别字到计算过程，每一步都被师父严格要求，反反复复修改了六次才通过审批。师父对徒弟说："施工技术方案是我们技术工作者的作品，如果我们自己对待作品都不精益求精，如何能指望别人按照方案去执行呢？"徒弟被说得心服口服，精益求精的品质自此深深扎根于他的内心。在师父的谆谆教导下，徒弟也成长为优秀的建筑工程师。师徒二人以高度的责任心和精湛的技术，高标准完成了国贸工程的建设。

一局发展的这个故事展现了国贸工程的建设者对于精益建造的不懈追求，以及对于历史和人民的高度责任感，这使得社会大众看到了国贸工程的品质，及其在改革开放历史当中的重要意义，这也是一局发展以自身品牌为客户品牌赋能的生动案例。

本节主要介绍了一局发展为客户提供的定制化价值，它是对于一局发展价值主张的二级延伸。其中科技价值是指一局发展人以主动承担最难项目的勇气，依托科研创新的三环驱动，为客户创造科技价值。运维价值是指一局发展人不仅帮客户造好建筑，还帮客户用好建筑，在满足客户的体感需求和经济需求的同时，还以魔术师一般的运维能力，满足客户的定制需求，实现建筑的功能升级。品牌价值是指一局发展以自身品牌为客户品牌赋能，将一局发展高品质工程带来的品牌效应溢出到客户的品牌当中，帮助客户提高品牌美誉度。这三大价值异曲同工，共同反映了一局发展"一切从客户出发，为客户创造价值"的发展理念。

企业的业绩和荣誉在本质上是客户和社会对于企业价值创造的反馈和回报。一局发展主张"致力于人类生产生活空间的全面进步"，并以此为轴，为客户提供包括质量价值、安全价值和时间价值在内的普遍价值，以及包括科技价值、运维价值和品牌价值在内的定制化价值。这些价值无不立足于客户需求，经得起客户和历史变迁的考验。

第六章

未来与初心

　　劬劳功烈、回首荣焉，中国共产党和中国人民已经胜利实现第一个百年奋斗目标，正向着全面建成社会主义现代化强国的第二个百年奋斗目标迈进。国有企业是中国特色社会主义的重要物质基础和政治基础，是我们党执政兴国的重要支柱和依靠力量，是党领导的国家治理体系的重要组成部分，是党和国家最可信赖的依靠力量，在完成第二个百年奋斗目标的历史征程中，国有企业还将继续承担重要使命。一局发展将在新的历史时期明晰战略定位，在新征程上担当新作为，不忘初心，再立新功。本章是全书的总结，展现一局发展的未来探索，并回归一局发展的初心和使命。

第一节　外部环境与未来探索

建筑行业的外部环境变化包含三个维度：一是建筑市场新领域，二是建造模式新趋势，三是产业升级新动态。

1. 建筑市场新领域

新中国成立以来，经过七十余年的奋斗和积累，国内的建筑行业发生了世界瞩目的进步。建筑行业未来的市场在哪里？下文将结合两个层次加以分析：一是建筑市场横向扩展带来的新市场空间，具体包括新型城镇化和业务国际化；二是生产生活空间进步带来的新建造对象，具体包括新型工业建筑、新型基础设施，以及智能化建筑。

图 6-1　建筑市场新领域未来展望

建筑市场横向扩展带来的新市场空间

城镇化是推动经济社会发展的重要战略。20 世纪 90 年代以来，我国出台了一系列政策，为城镇化发展明确方向，也在不断探索实践中调整城镇化思路：从 1995 年出台的《小城镇综合改革试点指导意见》中提到的"积极发展小城镇",到 2006 年国家"十一五"规划中首次确立"把城市群作为推进城镇化的主体形态",再到 2021 年国家"十四五"规划中提出"以城市群、都市圈为依托促进大中小城市和小城镇协调联动、特色化发展",我国城镇化战略重点从小城镇逐渐向都市圈和城市群转变。2022 年,国家发改委印发了《"十四五"新型城镇化实施方案》,为我国城镇化的具体做法指明了方向:一是增加普惠便捷公共服务供给;二是健全市政公用设施;三是完善城市住房体系;四是有序推进城市更新改造;五是增强防灾减灾能力;六是增强创新创业能力;七是推进智慧化改造;八是加强生态修复和环境保护;九是推动历史文化传承和人文城市建设。

党和国家的新型城镇化战略为建筑行业提出了新要求,也指明了新的市场机会,具体包括:第一,城市住房的更新改造;第二,城市公共基础设施的完善;第三,城市建筑和设施的智慧化改造;第四,城市的环境治理;第五,城市产业的导入和运营;第六,城市历史人文景观的修复和改造。

一局发展在新型城镇化领域的优势包括:优异的工程建设和管理能力、以精细化为特色的基础设施(含环境治理)建设能力、城市建筑的智慧化改造和运营能力、长期积累的丰富产业导入能力,以及景观设计建造和历史人文建筑修复改造经验。

新型城镇化是国内建筑市场的深耕机遇,而业务国际化则是在海外开拓新市场的历史机遇。国有企业是实施"走出去"战略、"一带一路"倡仪等重大战略的重要力量,海外建筑市场也是巨大的蓝海市场。一局发展在国际化方面的优势包括:第一,项目口碑和经验积累。目前一局发展的国际化业务发展迅速,高品质交付了时为欧洲第一高楼——俄罗斯联邦大厦,以及当时中国企业在海外承建的最大房建项目——巴哈马大型海岛度假村项目,并且在埃及、伊拉克等国也成绩斐然，获得了客户的高度评价，建立了与客户间的长期信任。第二，强大的适应性改造能力。一局发展的项目团队在硬实力和软能力方面均有出色表现，能够根据所在地的自然条件和人文环境，调整技术工艺和项目管理，同时尊重当地交易习惯，做好本地关系维护等。第三，遍布全球的优质资源保障。一局发展长期深耕全球建筑市场，经过考核、评价、淘汰等机制，已形成分布在全国六大区域及全球四大洲的优质协力资源体系。

未来，一局发展还将从以下三方面入手，提升国际化经营水平：一是提升国内国外一体化经营水平，加强总部引领保障能力，深化海外保障基地建设，发挥融投资引领带动作用。二是深耕海外市场，深化"融进去"意识，成为当地企业公民，主动对接属地经济发展规划，打造当地"朋友圈"，优化第三方市场合作，整合本土化优质资源，深化属地合规经营。三是提升人才优势，打造全球人才派驻体系，完善国际化干部队伍的选用机制，完善海外人才的保障机制，强化属地人才的管理机制。开拓海外市场不仅是一局发展进行横向市场拓展的关键举措，也是一局发展建设世界一流企业的必经之路。

生产生活空间进步带来的新建造对象

建筑业的本质是为人类提供生产生活空间的改进。人类生产生活的持续进步过程，也是新建造对象不断涌现的过程，这为建筑企业提供了深度市场拓展的可能性。这些新建造对象具体又包括新型工业建筑、新型基础设施和智能化建筑等。

新型工业建筑是为适应制造业升级而随之升级的生产建筑。例如，近年来中国制造逐渐向"中国智造"升级，作为新型工业建筑的高科技电子厂房正是对"中国智造"的生产空间保障。一局发展在高科技电子厂房建造领域已经取得了相当优势，这主要基于以下三点原因：

第一，企业集成了对新型工业建筑建造进行保障的各项专业能力；第二，企业拥有在新型工业建筑领域经验丰富的人员队伍；第三，企业具备能够针对不同类型新型工业建筑开展科技创新的科研管理体系，以满足客户的极致需求。未来一局发展还将保持这三点优势，致力于开发更多的新型工业建筑产品线，为"中国智造"添砖加瓦。

新型基础设施是以新发展理念为引领，以技术创新为驱动，以信息网络为基础，面向高质量发展需要，提供数字转型、智能升级、融合创新等服务的基础设施体系。根据国家发改委的解读，新型基础设施主要包括信息基础设施、融合基础设施和创新基础设施三方面。其中，信息基础设施主要指基于新一代信息技术演化生成的基础设施，比如，以5G、物联网、工业互联网、卫星互联网为代表的通信网络基础设施，以人工智能、云计算、区块链等为代表的新技术基础设施，以数据中心、智能计算中心为代表的算力基础设施等。融合基础设施则是指深度应用互联网、大数据、人工智能等技术，支撑传统基础设施转型升级，进而形成的融合基础设施，比如智能交通基础设施、智慧能源基础设施等。创新基础设施方面，主要是指支撑科学研究、技术开发、产品研制的具有公益属性的基础设施，比如重大科技基础设施、科教基础设施、产业技术创新基础设施等。[①]

一局发展在新型基础设施领域的主要优势是形成了自身的特色，即精细化的基础设施建设能力，在本书第二章中对此有所介绍。同时，一局发展在新型基础设施的代表之一——数据中心领域已经拥有丰富的经验和能力积累，并成为腾讯、字节跳动、百度、快手等著名互联网企业，以及移动、联通、电信三大运营商的长期合作伙伴。未来，一局发展还将对这些能力加以迁移，拓展新型基础设施的其他领域，

---

① 姜慧梓. "新基建"包括哪些领域？国家发改委权威解读. ［EB/OL］（2020-04-20）. https://www.bjnews.com.cn/detail/158735694315651.html.

为国家基础设施的持续更新做出贡献。

智能化建筑，根据中国国家标准《智能建筑设计标准》（GB/ T50314—2015）的定义是："以建筑物为平台，基于对各类智能化信息的综合应用，集架构、系统、应用、管理及优化组合为一体，具有感知、传输、记忆、推理、判断和决策的综合智慧能力，形成以人、建筑、环境互为协调的整合体，为人们提供安全、高效、便利及可持续发展功能环境的建筑。"如果对智能化建筑作浪漫化的理解，它其实是赋予建筑以生命和灵魂。例如，智能建筑可以通过更先进的传感仪器，对建筑内部各个信息参数进行动态化监视，从而有效对光信息、水资源信息、电力消耗信息进行采集、分析，并根据人们的生活方式、居住喜好进行人性化控制，从而使建筑更贴近使用者的生活。

目前，一局发展在智能化建筑领域已经建立了能源管理系统（BEMS）和智慧运维平台。建筑能源管理系统包含建筑设备系统的能耗监测、建筑空气质量的监测、设备系统能耗统计和分析、建筑分项能耗统计和分析及设备系统智能诊断等功能，实现建筑能耗的分项计量、分区计量、分时计量和实时监测，在大数据的情况下定制节能降耗方案。AI 节能策略可利用人工算法来收集建筑物外部的天气、温度、湿度等信息，并结合人流密度，计算出最适合的室内温度，24 小时为大楼调节空调温度以节能。智慧运维平台利用 BIM 模型优越的三维可视化空间展现能力，将建筑设施设备管理、空间管理、能耗管理、安防管理、物业管理、综合管理等各个子系统有机地结合在一起，提高管理人员管控能力和工作效率，降低运营成本。平台用三维模型承载信息，点击任意设施设备，都可以快速调出所有相关信息，还可以直观地查看管线的上下游关系，查看设备实时运行状态信息，提高运维人员工作效率。智慧运维平台支持对空间进行在线划分与管理，精准化管理每个房间，计算每个房间的数据（面积、租户/部门、人员、能耗、成本），统计每个租户／部门的使用空间及成本，最终为管理员计算出最佳空间优化方案，使空间使用率提高 20% 以上。平台还可全面实现工单信息化管理（检修报修、维护保养、日常巡检），客户通过微信一键报修，维修人员通过 App 实时获取工单，结合三维模型快速定位、快速获取解决方案、快速完成检修维修工作。平台与人员定位信息结合，实现工单目的地导航，对于吊顶内部设备或隐蔽设备的维修尤为有效，将大幅度避免因寻找故障点造成的时间浪费。平台以三维可视化 BIM 模型，集成人员定位、视频监控、入侵报警、门禁监控等系统，实现各系统之间的实时联动，自动调取异常空间位置的视频监控，达到智能化安防管理。

2. 建造模式新趋势

未来建造已经初露峥嵘，集中体现为智慧建造、"双碳"和绿色建造。

智慧建造

在这一领域，一局发展已经形成了自身的特色和优势，具体表现在技术和管理两方面。

在技术方面，一局发展推动贯彻数字化转型发展战略，致力于打造国际先进、自主可控的新一代信息技术基础平台，配套组建数字化研发体系，开展差异化、场景化、智能化的数字产品和服务创新探索，提升核心技术创新水平和价值；大力推进智慧建造业务发展，加快建设工业互联网，打造全要素、全产业链、全价值链全面连接的"核心枢纽"，促进产业链、供应链和生产方式的创新；持续利用数字技术对主业进行深入改造，提高全要素生产率，赋能传统业务转型升级；注重数据资产的培育，深入研究客户需求、丰富数据应用场景，夯实数字化基础，开拓新产业新业态新模式。

国家科技传播中心项目的成功建设是一局发展推进智慧建造的经典案例，打造出从规划设计、建造施工到运营维护的全过程智慧建造解决方案。在项目规划设计阶段，一局发展融入巧思，抽象提炼中国传统建筑中的柱、檩等元素，将屋顶构成重檐格构式的外观形象，并设计出 58 米穹顶造型的圆形展厅，将中国传统建筑美学与现代科技感完美融合。在项目建造施工阶段，为解决跨度长、结构稳的难题，项目团队引入了 EveryBIM 平台，启用数字孪生建造，打造重型大跨复杂钢结构体系，采用数值分析与仿真模拟技术，精准模拟施工全过程结构受力。通过多次虚拟建造，不断调整参数值的设定，最终确定最有利于结构安全的施工方案，将穹顶环形钢梁实际应变与理论值偏差控制在 1%以内，高标准完成既定目标，建成国内首例大跨度轮辐式预应力张弦梁组合穹顶结构。同时，在建造过程中同步建立数字集成化健康监测系统，对结构功能性、环境荷载的长期效益进行综合评价、预警与诊断。在项目运营维护阶段，一局发展依托人工智能算法和数字孪生建造，搭建智慧运维系统，为建筑结构主体创建数字镜像，通过传感器实时复制运维过程中的实际情况，将物联网技术、无线传输技术、云服务等技术与原有运维业务融合，显著提升建筑精细化运维管理水平。

在管理方面，一局发展聚焦打造数字化赋能管理体系，结合业务场景与 AI 人工智能构建控制塔，打造以"数字化应急指挥中心 + 智慧工地系统"为核心的智慧建造解决方案，将总部管控指标和现场智慧工地数据联动，形成项目整体画像，打破业务系统间的数据壁垒，实现跨系统数据融通，全方位促进企业高质量发展。

数字化应急指挥中心：赋能工程项目管理机制变革

一局发展聚焦科技智慧建造，在新业务新技术领域积极探索，自主研制平战结合双模式的数字化应急指挥中心，支持项目经营综合指标监控、突发事件应急响应和多级指挥，全面提升应急处理能力。

应急指挥中心主要应用在以下四个方面，在综合指标方面，围绕"人机料法环"将总体管控指标横向拉通，打造在施项目综合指标梯次排行榜，直观展示各项目经营情况与管理水平；在视频能力方面，将全天候项目监控与 AI 能力结合，实现项目现场异常情况实时监测和视频远程调阅，强化施工现场管理。同时，打通会议系统、视频终端等，构建快速的视频互联，满足不同应急场景下的多方通信；在项目概况方面，打造基于项目端的"一地一档"，通过点击具体项目或者地图下钻的方式，以一张图获取到项目的基本信息、关键指标、人材机、效果图及形象进度、项目进度等相关信息；在应急管理方面，实现了多类预警模型，基于 AI 预警模型，实时探查和记录未戴安全帽、明烟明火、重点区域入侵等违规行为，自动通知项目和总部开展行为整治。基于突发事件预警模型，与国内天气预警中心数据同步，依据红橙黄蓝四大预警级别，自动分析灾害程度、触发预警机制、通知预警级别关联的人员启动应急预案。

智慧工地系统：塑强施工现场管理科技优势

作为中建首家自主知识产权智慧工地系统，一局发展智慧工地系统围绕施工过程管理，集成人员管理、进度管理、安全管理、质量管理、技术管理、机械管理、物资管理、绿色施工等板块，建立互联协同、智能生产、科学管理的施工项目信息化生态圈，并将此数据与物联网采集到的工程信息数据进行数据挖掘分析，助推绿色建造和生态建造。

一局发展智慧工地系统为工程项目装上"智慧大脑"，将被动"监督"变为主动"监控"，打造新型施工现场管理模式。在人员管理方面，承载自主研发的深度学习算法，支持对人员面貌、行为轨迹、异常姿态、人群聚集等进行高精度识别，人脸识别率达 99.83%；在进场管理方面，对重点区域布设摄像头，进行全天候 AI 自动分析，实现人员与车辆进退场自动提示，支持手机端实时触发警告、现场监视屏及声光警告，并实时上传至公司应急指挥中心；在现场安全管理方面，为物料堆放区安装热成像采集设备，对重点布防区域进行实时可视化智能分析和全天候 24 小时实时监控；同时完成工地物联网建设，通过智能化传感器采集替代部分人工，强化项目管理末端信息化收集，实现局部应用闭环管理。

近年来，国家围绕智慧建造连续推出一系列政策措施，鼓励数字化及人工智能在建筑行业的应用。住建部《"十四五"建筑业发展规划》指出，加快推进建筑信息模型（BIM）技术在工程全寿命期的集成应用，健全数据交互和安全标准，强化设计、生产、施工各环节数字化协同，推动工程建设全过程数字化成果交付和应用；积极推进建筑机器人在生产、施工、维保等环节的典型应用，重点推进与装配式建筑相配套的建筑机器人应用，辅助和替代"危、繁、脏、重"施工作业。未来不论是数字化的建筑技术或是管理范式，均将成为建筑项目中的重要工具。

未来，一局发展将继续坚持以价值创造为导向，为企业业务转型发展提供数字化建设方案，打造领先的数字化运营管理平台，有效支持业务价值实现；以深化应用为原则，不断发掘和增强业务能力、效率效益与系统应用的关联，加快企业全面数字化系统建设脚步，持续提升信息系统应用水平；以可持续变革为动力，着眼现场施工建造与信息技术的融合发展，加强 AIOT、BIM、大数据等技术项目管理应用深度，推广建筑机器人应用，以智慧建造赋能管理"双效"提升；以标杆引领为目标，充分利用新技术、新模式、新业态为业务发展赋能，构筑"数据 + 业务"双引擎驱动的决策管理模式，助力建设高品质工程，助推建筑行业高水平创新性发展。

"双碳"和绿色建造

把握"双碳"要求，推动绿色低碳转型是行业的另一未来发展趋势与创新实现路径。降碳转型是一场广泛而深刻的变革，挑战和机遇并存，必须积极主动应对。绿色建造的号召蕴含着绿色化、"碳达峰、碳中和"、可持续发展和循环经济等未来期许，是解决建筑业碳排放高、资源利用率低、高环境污染、劳动力不足等突出问题的重要举措。积极推动低碳变革，是成为建筑行业引领者的核心要求。

党的二十大报告中，已经提出加快发展方式绿色转型是"推动绿色发展，促进人与自然和谐共生"的路径之一，未来中国积极稳妥推进"碳达峰、碳中和"工作、建设美丽中国的基本思路在于"协同推进降碳、减污、扩绿、增长"，在落实"双碳"目标任务过程中同时追求锻造新的产业竞争优势。"十四五"是"双碳"工作的关键期和窗口期，中央召开多次会议，强调要从能耗"双控"逐步转向碳排放总量和强度"双控"。其中，建筑领域是未来实现"双碳"目标的重要路径。

随着城镇化不断推进、人民生活条件总体改善，建筑面积将在未来一段时期内持续增加，碳排放也将随之继续上升。因此通过合理控制建筑面积、提升新建建筑节能标准、推动已有建筑的改造、建设零能耗建筑、超低能耗建筑等绿色建筑的推广，同时推动建筑产业链内可再生能源的应用等工作的实施，将对减少二氧化碳排放具有重要意义。

对企业而言，推动降碳环保不仅是顺应国家与社会发展大势的关键之举，当下"环境、社会与治理"（ESG）已成为经济市场运行中各方均愈加重视的标准，"双碳"作为 ESG 评价体系中的环境及相关治理领域核心一环，落实低碳措施也为企业自身逐渐重视环境披露、满足审查与合规要求、营造良好形象以及化解非市场风险提供了重要保障。

ESG 已被纳入现今建筑业领导者的议程，客户尤其关注减少温室气体排放以及发展可再生能源设施，建筑物可运营前材料制造、运输、装配、维护和处置过程中排放的温室气体量隐含碳排放受到越来越多的关注，极有可能成为未来监管的主要对象。

随着各国政府与交易所制定相关 ESG 信息披露指标或 MSCI 等专业指数公司或机构 ESG 评级逐渐完善并得到应用，半数以上工程建筑公司已认识到将 ESG 整合进入工程项目与计划所能带来的声誉及竞争优势，中国为支持建筑绿色化发展也出台了越来越多同 ESG 密切相关的举措。如在标准规范方面，中国人民银行、银保监会、发改委相继印发的绿色金融标准均将绿色建筑建设、绿色建材生产、绿色建筑购买和既有建筑节能改造等纳入绿色产业范畴，逐渐完善的绿色金融体系为绿色金融支持绿色建筑释放了积极信号。为获得相应收益，企业在环境领域愈加关注包括设定碳减排目标、提高能源效率、使用可再生能源、建立绿色供应链、推动绿色建筑业务等环境目标。

一局发展深刻认识到在未来要准确把握"碳达峰、碳中和"目标要求的关键性，要扎实有序开展减碳工作，推动发展绿色设计、绿色建造、绿色建材、绿色运维，让绿色成为企业的核心竞争力，把绿色优势转化为企业的发展优势。

以绿色运维为例，2022 年北京冬奥会期间，一局发展为冬奥会冰壶场馆冰立方提供运维服务。为解决游泳场馆高温高湿的比赛环境与冰壶场馆低温低湿要求的冲突，一局发展应用了冰场环境智慧调控平台，以实现温湿度的分区调控，该平台将制冰系统、除湿系统、空调系统集成到一起，通过可视化界面，实时监测场馆环境变化的各项数据，并根据数据变化对场馆各设备系统实行智慧调控，精准保障最佳环境标准并实现低耗能。此外，冰立方还应用了能源智能管控系统，改变传统的人工抄表方式，以实现对场馆所用的水、电、气、热等自动分项分路计量，对场馆的能耗数据进行自动采集、统计分析、报告预警、费用计算，极大提高了场馆的能源管理效率。一局发展将智能管控系统作为场馆的"神经中枢"，能够及时有效地根据实际情况对场馆空调、采暖、电梯、照明等建筑能耗及水资源实施分项、分区调控，从而实现了奥运场馆低碳、绿色、可持续的运维理念。在水与冰奇妙转换的蓝色魔方内，一局发展实现水立方到冰立方的智慧升级，为世界体育场馆建设提供绿色可持续的中国建造方案。

尤为值得一提的是，一局发展已经将自己在"双碳"领域的实践经验升级为节能改造与能源运营解决方案，即合同能源管理（EMC 模式）。这是一种新型的市场化节能机制，其实质就是以节省的能源费用来支付节能项目全部成本的节能业务方式，具体包括节能效益分享型、节能量保证型、能源费用运营型等类型。这一模式可以使多方实现共赢：业主不花钱进行节能改造，能源效率提高，运行费用减低；承包商可获得或共享项目收益，同时可以产生节能降碳的社会效应。例如，一局发展运用 EMC 模式，可以提供围护结构节能改造、增加能耗管理系统、更换更高能效的冷热源及热水系统设备（或高效机房）、风机和水泵变频调节等手段，帮助建筑实现低能耗。一局发展能够对外输出节能改造与能源运营解决方案，是企业在双碳领域积累的经验日益丰富和成熟的有力证明。

除了在设计、建造和运维等环节落实"双碳"，一局发展还在管理范式维度将"双碳"纳入全面而长远的考量。主要包括人员管理、全周期管理、碳资产管理、科技创新和信息披露五个层面。

在人员管理层面，一局发展致力于提升"双碳"业务的人员组织化程度，将分散在各项目岗位的相关专业学科人才实现集中管理。同时，提升企业员工对于碳足迹、碳捕捉、碳封存、碳资产管理等"双碳"相关知识的了解，开发相关课程，并使其形成体系。在全周期管理层面，一局发展致力于对自身承接的清洁能源和环保项目加强资源投入，进行全过程参与和全周期管理，打造"双碳"示范项目，以更好地打造"双碳"品牌。在碳资产管理层面，随着中国碳市场从试点走向全国、纳入各行业等系列升级，建筑业也有极大可能被列入碳市场，一局发展作为业内领先企业，注重思考碳资产管理这一前沿议题，着力解决企业碳排放测算难度大、企业能耗与碳排放监测平台机制尚未形成且管理意识有待加强等问题。在科技创新层面，一局发展为统筹公司"十四五"规划要求、强化"双碳"领域技术研发应用，重视整合内部资源与优势，加强与上级单位、政府部门以及减碳固碳相关企业、高校的交流与合作，依托博士工作站、科技创新平台，积极开展符合公司发展需要的"双碳"业务关键技术研发和应用，形成可复制、可推广的技术成果。在信息披露层面，为更加标准化、可视化地彰显企业践行社会责任之举，一局发展重视完善 ESG 信息披露，尤其重视"双碳"部分，结合监管要求和企业实际进行统筹规划和实施。

综上所述，一局发展不仅将"双碳"业务视为对企业自身发展的外在要求，更将此视为企业提升精细化管理水平和科技创新水平的有利契机，不仅从建筑设计、建筑材料和建造方式上贯彻"双碳"业务的要求，更是从企业的观念、组织、管理模式上全面落实对"双碳"业务的制度性回应。

3. 产业升级新动态

建筑企业已经呈现出由产业链中下游向上游进军的发展态势。一局发展在产业升级领域展现出两方面的新动态：一是在工程总承包领域探索集成项目交付（IPD）理念的应用；二是从造房向造城跨越，发挥投资带动作用，深度参与城市更新，做城市发展合伙人。

IPD 理念

IPD 模式是一种项目交付方法，它将人员、系统、业务结构和实践整合到一个流程中，通过协作共同发挥所有参与者的才华和见解，以优化项目成效，增加对客户的价值，减少浪费，并在设计、制造和施工的所有阶段最大程度地提高效率。IPD 模式强调参建方早期即进行互信合作、信息即时交流，特征重点体现在组织结构、合同体系、生命周期、技术支撑等方面。在组织结构上，客户、咨询方、设计方、总包方及分包方、供应商等参与方不再是孤立的上下级关系，而是以类似合伙人的关系成立开放式合作的责任实体，将利益和责任捆绑在一起。在合同体系上，IPD 合同重点考虑风险共担原则、薪酬架构及激励条款、绩效考核系统以及争议处理方式。在生命周期上，IPD 模式跨越概念阶段、初步设计直至项目交付阶段，关键参与方在概念阶段即介入合作，以实现项目价值为出发点，发挥各自资源及经验优势，持续不断优化设计，大量减少施工阶段的偏差，有效缩短施工阶段时间、控制成本。在技术支撑上，IPD 模式以 BIM 技术的全面应用为支撑。总之，IPD 模式是从全局利益角度出发，依赖组织结构、基于信任，鼓励参建方关注项目整体结果，在早期即介入共享信息、共同决策，以达到更好结果的项目交付模式。

鉴于行业政策关于 IPD 模式的规定尚不完善，且缺少合理的合同体系，IPD 模式在我国的应用尚存在障碍。然而 IPD 理念在复杂项目具有巨大的优势，特别是能为客户创造巨大价值。一局发展在阿里巴巴等项目的初步探索之上，在北京环球主题公园项目进一步探索实践IPD 理念的应用，综合各系统人才优势，组建 60 余人的项目团队，协同设计中心、BIM 中心、各专业工作室等专业力量，实现各专业分包分供资源及时响应，从概念设计阶段即深入项目合作，建立与客户、设计、咨询等相关方协同共进的良好局面。特别是，一局发展充分发挥工程总承包管理优势，在项目前期高质量完成设计审核、设计方案比选、设计优化、重点部位深化设计，全面深度应用BIM技术，并对施工计划推演、材料设备选型、合约概算规划等工作提供方案和服务。如"未来水世界"园区的看台初步设计为现浇看台，根据类似工程经验，一局发展提出将现浇看台变更为预制看台，解决现浇时间长、精度低、外观质量差及易开裂等问题，并将现浇结构的97天工期压缩至10天。

IPD理念的应用在北京环球主题公园案例中取得了出色的管理效果，对比同类工程，设计变更数量减少约75%，工期缩短35%以上，工程成本大幅降低。同时，工程开工后不到3年即实现北京环球主题公园盛大开园，为客户创造了巨大的经济效益与社会效益。

一局发展将以为客户创造价值为出发点，继续探索IPD理念在大型复杂工程的应用，并总结经验、淬炼能力，为摸索真正适合我国国情的IPD模式提供助力，进一步推动建筑业效率和质量的提升。

从造房到造城

一局发展从一家工程总承包企业逐渐成长为城市发展合伙人，实现了从造房到造城的跨越。城市是历史的物质形式，是随历史变迁而不断更新的。在中国，城市更新的最终目的是满足人民对美好生活的追求。当前我国城市发展已进入新时期，经济发展水平提升以及工业化、城镇化进程推进，对城市空间载体的改造重构及功能提升提出客观要求。2019年12月的中央经济工作会议首次强调了"城市更新"这一概念，提出加强城市更新和存量住房改造。2020年10月，国家"十四五"规划纲要明确提出实施城市更新行动，并将其作为推进新型城镇化的一项重要内容。2021 年，城市更新首次写入政府工作报告，正式提升为国家战略。党的二十大报告提出，"坚持人民城市人民建、人民城市为人民，提高城市规划、建设、治理水平，加快转变超大特大城市发展方式，实施城市更新行动，加强城市基础设施建设，打造宜居、韧性、智慧城市。"城市更新是适应城市发展新形势，推动城市高质量发展的必然要求。

城市更新有狭义和广义两重含义，狭义的城市更新主要着眼于城市建筑的更新，如旧城片区的改造，具体包括拆除重建、综合整治、居民搬迁等；而广义的城市更新是从城市功能发展层面而言的，它具体包括城市居住环境质量的升级，城市经济和产业结构的升级等。我国将逐渐由工业化后期迈入后工业化时代，产业结构亟需升级迭代，而这些主要是在城市这一聚落形态内部发生的。城市更新可以满足新产业、新业态对于新的经济空间的需求。与此同时，中国的城市发展已经度过了增量扩张的时期，急需进行存量盘整，或者说空间结构的重塑。而产业的转型升级，有利于帮助城市完成这一目标。

一局发展积极进入城市更新领域，对企业资源进行整体规划，通过资源的逐步积累，搭建涵盖规划设计、金融、产业、运营等领域的能力体系，助力城市更新业务蓬勃发展。城市更新是一项持续的事业，一局发展善用自己的既有优势，走出了一条有自身特色的城市发展合伙人之路。具体做法，包括规划设计、产业导入和运营管理三个方面。

在规划设计方面，一局发展综合考察协调设计资源、搭建各目标市场的设计资源库，为项目的跟踪拓展及落地实施形成有效助力。

在产业导入方面，一局发展建立产业研究、产业规划、产业导入、产业综合服务的全链条一体化服务体系，为城市产业升级和经济发展深度助力。例如在产业资源整合上，一局发展充分发挥在建筑全产业链的优质产业客户资源优势，特别在集成电路、高端装备制造、新型显示、5G 与人工智能等领域形成成熟的产业资源网络；同时与多家高校和科研院所建立长期伙伴关系，搭建由科技成果向产业落地转化的桥梁；依托在建筑工业化、智慧建造、数字科技等方面的研发优势，开发产业导入、招商管理智慧平台，为产业客户群体提供产业落地信息化支持，推动形成"多维互动、优势互补"的产业合作模式。

在运营管理方面，一局发展致力打造投建运一体化平台，围绕规划、设计、投资、建设、运营全产业链能力拉通提升，为城市发展与产业升级提供综合性的解决方案。例如，一局发展基于自身强大的 EPC 管理能力和丰富的运营客户资源，有效将运营管理前置到规划设计阶段，建立"全链条"的合作生态圈，实现全生命周期管理成本最低和全过程投资管理效率最高，实现城市资源增值和城市发展价值最大化。

《诗经·大雅》中说："周虽旧邦，其命维新。"建筑行业虽然是一个古老的行业，也是一个永恒的行业，因为它要解决的是人类的底层需求，因此，不管人类文明如何发展，人类科技如何进步，只要人类还存在生产生活空间这样的底层需求，建筑行业就不会消失。"安得广厦千万间，大庇天下寒士俱欢颜。"改善每一个生产生活空间的质量，是人类的永恒追求之一，是社会发展的重要目标。为了实现人类的福祉，建筑行业一定会不断革新，一局发展则主动引领变革，做建筑时代的定义者、建筑行业的弄潮儿。一局发展对于建筑市场新领域、建造模式新趋势、产业升级新动态的主动探索，正是这一自我定位的生动体现。

第二节　以初心应对未来

如何应对未来的不确定性？一局发展的答案是：坚持初心。一局发展的初心包含三个层面：一是走以能力为基础的高质量发展道路；二是怀抱一流企业之梦，朝着这一梦想不懈努力；三是以自身的企业能力回报祖国和人民。

1. 能力第一是长期主义的行动指南

子在川上曰：逝者如斯夫！不舍昼夜。

企业的经营，既要处理好和竞争对手的关系，也要处理好和自身的关系，最终还需要处理好和时间的关系，因为时间是一位始终在场却又缄默不言的审判官。当下流行的"长期主义"这一理念，其目的就是处理好组织和时间的关系。

什么是长期主义？这个词来自对英语 Long-termism 的翻译。根据《牛津英语词典》的定义，它是指一种为了长期目标或结果而做决定的实践。长期目标的对立面自然是短期目标，所以长期主义可以理解为：为了实现长期目标，而选择主动抵御短期目标的诱惑，坚定不移地朝着长期目标持续前进。

企业都想追求基业长青，那么怎样才能贯彻长期主义呢？学界和企业界提出过诸多观点：

在吉姆·柯林斯（Jim Collins）和杰里·波勒斯（Jerry Porras）的名著《基业长青》（Built to Last）一书中，企业的永续经营应当注重

"保存核心"与"刺激进步"间的互动。所谓保存核心，是指保持企业的核心理念，提供一贯和稳定性，将企业可能的行动和方向限制在符合企业理念的理论框架下；而所谓刺激进步，是指促成持续不断的变化，包括新方向、新方法、新策略等，以此来鞭策企业员工进行持久的行动，如追求改善、追求梦想等。核心理念可以提供一贯的基础，企业可以依据核心理念，设立长期目标，并据此来不断演进、获得进步；而刺激进步是为了让核心理念在持续的变化中与时俱进，让企业不至于墨守成规，获得长期进步。

在学界观点之外，企业界也有许多管理者为企业的长期经营提出了自身的看法。

例如，美国亚马逊公司的创始人杰夫·贝佐斯曾经在其著作《长期主义》中指出，衡量公司成功与否的最基本标准是创造长期的股东价值。为此，企业管理者需要做到痴迷客户、高速决策、找到人才和保持第一天心态。所谓痴迷客户，是指管理者应当把注意力放在客户身上，而不是竞争对手身上。因为客户永远不会满意，他们会带动企业前进。所谓高速决策，就是指当你所掌握的信息在你希望获得的信息当中比例占到70%的时候，就应该进行决策，即使是在大家看法不一致的时候，也可以保留意见，干了再说。所谓找到人才，是指公司要保持吸引积极进取的员工的能力，并且引导每一位员工从公司主人翁的出发点进行思考。而所谓第一天心态，是指即使是庞大的组织也要保持小公司的热情，坚持对客户的痴迷，抵制形式化，拥抱外部趋势。

上述理论或思想从不同的角度指出了一家企业应当如何长期经营。一局发展从自己的实践出发，广泛吸取学界和业界相关理论经验，注重为长期主义寻找更为根本性的落地指南，从而提出了"能力第一"的发展理念。

为什么说能力第一是长期主义的落地指南，这其实是源于一个简单的逻辑。企业追求长期主义之际所面临的困难，在本质上是理想与现实之间的矛盾。面对理想的美好与现实的残酷，个体或组织的必然选择都是弥补能力的不足，增加现实的筹码，争取理想的实现。无论是《基业长青》所谓的"保存核心"和"刺激进步"，或是贝佐斯所说的"第一天心态"，本质上都是对企业能力的追求。只是这种能力在不同的业态中，在不同的视角下，在不同的历史阶段里会呈现出不同的具体形态。

所以一局发展的"能力第一"理念，有两个特征：

第一，它是一种最本质、最朴素的认知，即要想长期生存，就要增强能力。

第二，它是一种上位性、包容性的认知，可以容纳关于企业长期生存的相关思想、理念、经验和方法。本书归纳的四种能力——领导力、纲领设计能力、文化构建能力和价值创造能力，都可以被容纳到企业能力的范畴之中。

正因为"能力第一"是一种朴素的、根本的认知，所以一局发展对这一理念的实践出现在对其的自觉之前。在一局发展的艰苦创业时期，为了完成国家交付的任务，当然要增强企业能力；在改革开放之后，企业为了求生存、求发展，赢得客户、赢得市场，当然也需要增强企业能力；在新时期，企业为了在日益激烈的市场竞争中保持领先，同时进军国际市场、争创世界一流企业，就更需要提升企业能力。可以说，一局发展是在自发实践了"能力第一"的理念之后，才对自身进行审视，从而总结提炼出这一理念的。既然如此，就需要多问一个问题：为什么一局发展能够长期坚持"能力第一"这样一个朴素无华的道理？

中国文化当中有"本来面目"的观念，也就是事物本来的模样。本来面目原本是最容易观察到的，但偏偏许多人都看不到它，这是因为本来面目受到了很多后天因素的遮蔽。企业应当将能力增长作为首要追求，这也是企业发展的本来面目，为什么这反而不容易被看清，还需要专门点破呢？这是因为企业受到了如下因素的遮蔽：

第一，企业被短期的效益和业绩所诱惑，将注意力过分偏重在规模的扩张上，而忽视了与规模扩张相应的能力增长，最终导致能力的骨架无法支撑迅速增长的赘肉，最终在竞争中失败。

第二，企业在组织上缺乏必要的稳定性和连续性，导致企业的能力无法获得长期连续的积累和沉淀。最终，企业无法形成深厚涵养的能力池，从而在竞争中落败。

第三，企业缺乏为客户创造长期价值的追求，在市场中始终抱"投机主义"态度，迷信机遇、风口或杠杆，缺乏进行能力积累的耐心和定力。这样的企业不仅最终会在竞争中落败，甚至可能以惨重的亏损导致负债而收场。

第四，企业懂得能力增长的重要性，但忽视了企业既有能力与新增能力之间的有机整合，企图依靠并购等手段，迅速完成能力的增长，结果导致新增能力无法有机融入既有能力的体系，新旧能力之间的不兼容反而给企业造成管理上的难题甚至危机，最终导致企业的失败。

一局发展能够做到长期坚持"能力第一"，走以能力为基础的高质量发展之路，是因为它恰恰具有以下四点特征，从而规避了以上因素对自身的影响。

第一，战略定力。 一局发展在自身的成长历程中，很早就与国外先进建筑企业接触，看到了能力差距，并通过补足能力短板缩小能力差距，来提升自身的市场地位。这种做法为一局发展奠定了坚实的基础，并使其在重要的历史节点能够安然度过，甚至实现弯道超车。这形成了一种路径依赖或者内部信条——通过能力的增长去保持领先地位。所以，一局发展在短期的效益和业绩诱惑面前，具有更大的战略定力，能够从企业能力的角度出发进行思考，保证自己的能力增长能够接得住规模和效益的盘子。

第二，内部团结。一局发展在企业领导层长期保持团结，历届领导班子之间也保持了真诚友好的关系和情谊。这种组织上的稳定性保证了一局发展的每一届领导层都能够在不贸然推翻上一届领导层的治理遗产的基础上，结合形势变化做出适应性改良。这使得一局发展的企业能力能够获得长期、连续性的积累，而不至于因为人事变动等因素而被打断。

第三，坚守主业。一局发展长期坚持深耕主业，同时围绕主业开展多元化业务布局。以此帮助企业在所谓的风口或杠杆面前抵制诱惑。

第四，能力整合。一局发展不仅重视企业能力增长，而且尤为重视新旧能力之间的整合，并在这种整合中形成了自身的独到方法论，具体可参见本书第二章第四节。所以一局发展对于快速获得的新能力，一定会将其与企业既有的能力体系进行有机融合，从而实现企业能力的真正扩容。

综上所述，一局发展能够保持"能力第一"的本来面目，是因为它针对遮蔽和干扰"能力第一"的相关因素都发展出了相应的对应策略。一家企业在坚持追求能力的道路上，不仅要高度重视企业能力，更要有相关的策略去抵御这一道路上的干扰和诱惑。只有这样，才能让"能力第一"成为长期主义的真正落地指南。

2. 一流企业之梦与企业自驱力

为什么有的企业能成长成一流企业，而有的企业只能默默无闻，甚至最终在市场上被淹没？这背后的原因当然有很多，但有一个先决性条件就是：这家企业究竟是不是怀抱一流企业之梦、主动想要成为一家有突出口碑的一流企业。

一局发展能够行稳致远、持续进步，有一个重要原因是它抱有一流企业之梦。**一局发展为追求这一梦想，走过了如下路径：一是事业，二是本领，三是体系，四是品牌，五是格局。**

一局发展在 20 世纪 80 年代即开始与国际一流企业接触，如法国 SAE 公司、德国菲利普霍尔兹曼公司等。与这些企业的接触，一局发展首先感受到的是一流企业的大事业，也就是一流企业可以作为总承包方承接大型工程。这对于当时规模有限的一局发展而言，无疑是让人羡慕的。例如北京燕莎中心，这是一个大型的商业综合体，由中国建筑和德国菲利普霍尔兹曼公司等国外建筑公司担任总承包方，一局发展则负责施工。在当时，一局发展目睹了国际一流企业带来的当时最先进的项目施工管理，类似这样的经历可以被视为一局发展梦想的发端。

欲成事业，须有本领。一局发展通过与国际一流企业的接触，意识到决定建筑企业水平的核心是对项目的管理能力。于是，一局发展将优化项目管理作为主要抓手，发展出了"法人管项目"的组织纲领，务求精细化的经营体系，以及以品质工程为追求的精益建造。

企业有了本领还不够，还需要有体系。一局发展认识到，世界一流建筑企业都会在主业上进行一定的行业延伸，这种行业延伸的动机是满足客户的需求、与客户建立长期的相互信赖关系。一局发展坚持从客户出发，为客户提供建筑全生命周期的深度服务价值，形成了具有自身特色的多元化产业布局。

企业的产业体系明确了，就需要将产业体系提供的服务凝聚为品牌。品牌是企业撬动市场的重要杠杆，一局发展高度重视品牌建设，提出了"品牌强企"战略。目前，一局发展将自身的品牌追求定义为"工程总承包第一品牌，高质量发展行业典范"。这一品牌追求，是对企业产业体系的集中凝聚，同时也进一步强化了企业的市场标签。

品牌之后是格局。在一局发展看来，一家企业的格局取决于它以何种形式嵌入人类社会，能够在多大程度上去改变世界。比如，迪士尼致力于"为人类提供最好的娱乐方式"，这就是企业格局的体现。一局发展致力于人类生产生活空间的全面进步，对客户交付的最终产品是建筑，但又不止于建筑，而是多种价值的载体，也就是前文提到的质量、安全、时间、科技、运营和品牌六大价值。同时，一局发展重视企业社会责任，这又体现为环境保护与劳动者关怀。同时，一局发展在努力成为国内工程总承包领域第一品牌的同时又积极出海，向"世界一流企业"的新目标稳步迈进。

总之，一局发展立足于中国的实际和自身的实践，从对大事业的憧憬开始，走出了自身的历史征程，并始终以一流企业作为梦想和追求。这就又引出一个问题：一局发展为什么能够保持如此强大的企业自驱力？

提到自驱力，人们一般会想到员工的自驱力，但容易被忽视的是一家企业也需要自驱力。在人类企业史上，有许多企业都败于不思进取、坐吃山空或者墨守成规。那么一局发展源源不绝的自驱力究竟从何而来？主要有四个来源：

第一，对党和国家战略目标的坚决贯彻。国企的自驱力首先来源于党和国家，中国共产党已经领导中国人民走过了革命建设和改革的历史征程，现今正处于中国特色社会主义建设的新时代。党的二十大报告提出，全面建成社会主义现代化强国，总的战略安排是分两步走：从 2020 年到 2035 年基本实现社会主义现代化；从 2035 年到 21 世纪中叶把我国建成富强民主文明和谐美丽的社会主义现代化强国。这一战略安排，明确了全面建成社会主义现代化强国的时间表、路线图，展现了中华民族伟大复兴的壮丽前景，令人鼓舞、催人奋进。党和国家的战略目标为建筑行业提供了更多机会，也提出了更多要求，对党和国家战略目标的坚决贯彻是一局发展企业自驱力的首要来源。

第二，一切从客户出发，为客户创造价值的服务态度。 客户会不断提出新的需求，而企业就需要不断给予客户回应。客户的需求没有止境，企业为客户创造价值的努力就没有止境，而为了给客户持续地创造更多价值，企业自我变革的征程也没有尽头。为客户创造价值，这是一局发展企业自驱力的重要来源。

第三，着眼于行业，而非着眼于自身的思维方式。 一局发展的追求不仅是成为行业领先，而且是引领行业，这两者有很大的区别：成为行业领先，可能只能扮演追随者或赶超者的角色；引领行业，扮演的则是领跑者的角色。一局发展关注的不仅是企业自身，还关注整个行业的动态，所以它总是能够定义建筑时代。在管理模式上，一局发展先人一步提出了工程总承包的项目管理模式；在质量方针上，一局发展率先提倡"质量为先"，强调"今天的质量是明天的市场，企业的信誉是无形的市场，用户的满意是永恒的市场"，真正走向了质量效益型发展道路；在产业布局上，一局发展很早就意识到了从施工总承包向工程总承包转变的重要性，并致力于打造工程总承包第一品牌；在国际化发展上，一局发展是中国最早在国际舞台上登场亮相的建筑企业之一，并以优异的工程质量赢得了海外客户的一致好评。一局发展能够不断地定义建筑时代，归根结底是因为它总是在思考还有什么是行业未能解决的问题，而不仅仅是思考还有什么是行业已经解决，但自己未能解决的问题。坚持从行业全局思考，可以让企业跳出自身组织架构的窠臼，拥有更为广阔的前瞻视野。

第四，领导集体的心理自觉。 企业领导集体对于企业战略的提出和落实具有不可替代的作用，企业的懈怠往往首先表现为领导集体的懈怠，企业的进取往往也要依托于领导集体的进取，领导集体的心理状态对于企业发展往往会产生决定性的影响。一局发展能够保持持续的发展进步，有一个重要原因，就是领导集体始终保有带领企业改革发展的心理自觉，那么这种心理状态究竟从何而来？一是历史责任意识，在一局发展内部又被称为"池子文化"，也就是一局发展的历届领导集体都将企业能力视为一池活水，自己要向这个池子中注入更多的能力源泉；二是共同体意识，这源于一局发展的历届领导集体都具有企业的基层经验，对企业感情深厚，要以自身的努力去回报企业，而不敢有丝毫懈怠。

以上四点共同构成了一局发展能够长期保持企业自驱力的原因。其实企业也和个人一样，需要保持自驱力才能在市场风浪中屹立不倒。一局发展保持自驱力的经验，不仅对同行业企业适用，也可能会对跨行业的企业有借鉴意义。

3. 以高质量发展回报祖国人民

党的十八大以来，习近平总书记从党和国家事业全局出发，围绕国有企业改革发展和党的建设作出一系列重要论述，鲜明提出国有企业要成为"六个力量"，为国有企业高质量发展指明了前进方向。"六个力量"是指：党和国家最可信赖的依靠力量，坚决贯彻执行党中央决策部署的重要力量，贯彻新发展理念、全面深化改革的重要力量，实施"走出去"战略、"一带一路"建设等重大战略的重要力量，壮大综合国力、促进经济社会发展、保障和改善民生的重要力量，我们党赢得具有许多新的历史特点的伟大斗争胜利的重要力量。

一局发展作为央企的一员，同样肩负着推动中国发展的使命和责任。以"忠诚"为核心的"野战军精神"始终是一局发展的底色，无论是在东北顶着严寒建设长春第一汽车制造厂，还是在蜀地克服各种技术障碍施工泸州天然气化工厂，又或是在南国冒着酷暑完成广东彩管厂工程，这支"南征北战的铁军"途经大半个中国，让一座座坚实可靠的建筑屹立在祖国的大地上。

如今，由一局发展建造的建筑不仅屹立在中国的大江南北，更站在了世界各地。高达430米的俄罗斯联邦大厦矗立在莫斯科河岸边；世界高度前十的高端综合住宅楼阿拉曼新城超高综合体已在埃及拔地而起；伊拉克西南地区航空枢纽中心纳西里耶国际机场见证着伊拉克的国际往来。一局发展用扎实的技术和卓越的能力，带着祖国和人民的使命，让中国建筑的脚步继续迈向更加广阔的世界舞台，让世界从巴哈马大型海岛度假村这些杰出的工程中，了解并认可中国建筑和中国能力。

一局发展取得这些成绩的背后，离不开它的"以能力为基础的高质量发展道路"。一路走来，无论身处哪个时代，一局发展都能审时度势地明确自身的发展道路和奋斗目标，并持续构建、完善自身的企业能力模型。一局发展目前已经建构出了包括纲领设计能力、领导力、文化构建能力和价值创造能力在内的完整企业能力模型。

其中纲领设计能力包括以"法人管项目"为代表的组织纲领，以精细化经营体系为代表的经营纲领，以"用我们的承诺和智慧雕塑时代的艺术品"为代表的生产纲领，以及以"向世界一流迈进"为目标的升级纲领。

领导力可以概括为"红蓝绿三基色领导力"，红色代表忠诚于党和国家的国企领导集体精神，蓝色代表拥抱市场的国企领导集体行为，绿色则代表激发组织活力的国企领导集体风格。

文化构建能力具体又包括文化提炼能力和文化执行能力。在提炼能力层面，一局发展能够敏锐地识别企业在每一个阶段的主要矛盾，并发展出相应的文化要素加以回应，因此发展出了"野战军精神""绩效观念"和"专业 可信赖"三个阶段的文化体系。同时，一局发展还擅长对自身文化底色进行创造性转化，让野战军的精神底色历久弥新，持续指引企业前进。在执行能力层面，一局发展善于对企业文化进行有效的具象化解释，并通过领导干部和典型模范的带头作用，对企业员工进行文化引导，并在企业文化落地中发展出了两个行之有效的手段，即以项目职业经理人为文化载体，以企业文化融入语言习俗为落地标志。

在价值创造能力层面，一局发展主张"致力于人类生产生活空间的全面进步"，并以此为轴，发展出了质量、安全和时间三大普遍价值，以及科技、运维和品牌三大定制化价值，为客户提供全方位的价值服务。

所有这些能力背后都包含着一个共同的追求：以企业能力和高质量发展回报祖国和人民。正因为这种对于祖国和人民的高度使命感和责任感，一局发展总是在国家有需要的时候出现在第一线。每当党和国家作出新的战略布局之际，一局发展总是积极响应，并将其落实为实际的企业行动；每当国家有所需求之际，一局发展总是派出最精干的队伍，以自身的企业能力为国家再立新功。

建筑是无声的历史，一局发展致力于建设这样的历史地标。一局发展建设的中国国际贸易中心，此时正在吞吐来往不息的商务人群，为城市经济贡献蓬勃的动力。一局发展参与建设的央视新台址，此刻或许正是灯火通明，为全国人民传递和发布时代前沿的声音。一局发展建设的国家游泳中心，在奥运盛事结束以后，已成为广大群众的水上娱乐中心，让人们在工作之余获得愉悦和放松。一局发展建设的多家现代医院，此刻正在紧张地收治病人，救死扶伤。一局发展建设的多座大学教学楼，此刻正为莘莘学子遮风挡雨，承载民族未来的希望。一局发展在世界各地建造的宏伟工程，正在为当地社会经济发展默默建功。这个名单还将延续，看不到尽头。因为古老而又年轻的中国，她的浩瀚征途也才刚刚开始。一局发展是征途中勇猛冲锋的先锋队，每一支这样勇敢无畏的先锋队，又终将作为这个时代的书写者，而被人牢牢铭记。今日的我们，流连于辉煌的故宫，徜徉于壮丽的天坛，这些古建筑至今其实也不过六个世纪而已。终有一日，一局发展在这片大地上留下的伟大工程，也将成为"古建筑"，在这些建筑上，永远地铭刻着建造者的名字：中建一局集团建设发展有限公司。这些历史地标，就是一局发展以企业能力铸就的丰碑。